고객의 가치를 높이는
서비스 기법

고객의 가치를 높이는 서비스 기법

초판1쇄 발행 | 2007년 9월 20일
초판8쇄 발행 | 2010년 10월 10일
지은이 | 정영주
발행인 | 박수길
발행처 | 미래지식
내지디자인 | 아베끄

주소 | 서울시 은평구 응암동 91-3 동아빌딩 2층
전화 | 389-0152
팩스 | 389-0156
홈페이지 | www.miraejisig.co.kr
이메일 | miraejisig@naver.com
등록번호 | 제313-2004-00067호

- 이 책의 판권은 미래지식에 있습니다.
- 값은 표지 뒷면에 표기되어 있습니다.
- 저자와의 협의에 의해 인지는 붙이지 않습니다.
- 잘못된 책은 구입하신 서점에서 바꾸어 드립니다.

ISBN 978-89-91359-55-0(13320)

Service

고객의 가치를 높이는 서비스 기법

정영주 지음

미래지식

시작의 글

성공한 삶은 자신이 추구하는 가치를 깊이 탐색하고 그 가치를 창조해 내며 자신이 창조한 가치에 만족하는 일을 행하는 것이라고 한다. 그러한 면에서 나의 지난 15년간 강연활동은 내 인생에 성공적인 삶의 한 부분이었다.

나는 강연을 통해 사람들에게 기업의 성공과 개인의 행복한 삶을 위한 변화를 요구하고 그 변화의 방법을 제시하였다. 내가 강연을 통해 추구해 왔던 가치는 상대의 만족과 이익을 먼저 생각하는 이타적인 관계가 자신의 삶을 이롭게 하는 결과를 낳는다는 믿음이었다. 상대를 존중하고, 배려하고, 이해하는 마음에서 출발하는 태도와 자세, 그리고 그것이 담겨 나오는 대화와 표정과 행동에 관한 연구는 내게 주어진 삶의 목적이었다.

다양한 종류의 기업의 컨설팅과 교육을 하며 고객의 입장에서 그들의 욕구와 기대를 찾고, 거기에 맞는 서비스를 개발하는 과정도 그 초점은 타인을 섬기는 가치에서 출발했다.

개인이나 조직, 그리고 기업에 고객을 대하는 과정을 만드는 매뉴얼 작업을 하며 사소하게는 서로를 부르는 호칭과 인사말까지 만들어냈다. 기업에 맞는 고객응대 프로세스를 만들고 훈련시키는 일도 고객을 위하는 길, 즉 사람이 사람을 대하는 방법과 태도가 기업을 흥하게 하는 길이라는 믿음이 있었기에 가능했다.

그런 과정을 통해 나는 사람의 말 한마디와 따뜻한 눈빛 하나가 주는 힘을 몸소 체험하게 되면서 오히려 내 삶에 큰 변화를 겪었다. 우리의 작은 손길, 작은 미소 하나가 죽음의 절망에서 희망으로, 불행에서 행복으로 이끄는 견인차 역할을 함을 믿는다. 그리고 그것이 우리 사회에 밝은 등불이 되고 선진국으로 진입하는 동력이 될 것임을 확신한다.

이젠 국민 모두가 '고객님'이란 호칭이 익숙해졌다. 고객이 전화를 하면 기업은 언제나 밝은 목소리로 환영한다. 이렇게 지극히 당연한 것을 십여 년간 가르치고 배워 이제야 사회의 일반적인 모습으로 자리 잡고 있다. 소비자로서, 국민으로서, 고객으로서의 지위와 권리를 누리는 체험에는 양극화가 없게 되었다. 이제 우리나라는 제품만 수출하는 것이 아니라 우리의 향상되고 세련된 서비스 문화와 기법을 함께 수출하고 있으며 우리의 빠르고 친절하며 정확한 서비스는 세계에서 호평을 받고 있다.

이젠 세계 어디를 가도 우리만큼 친절하고 빠르면서도 정확하게 서비스하는 곳은 없다고 자부할 정도가 되었다.

이 모든 변화는 십 수년 동안 기업, 관공서, 병원 등 우리 사회 곳곳에서 뼈를 깎는 노력과 나를 비롯한 많은 산업체 교수들의 열정이 이루어낸 결과이다.

상대를 존중하고 배려하지 않으면서 내가 이익을 얻으려 할 때 기업과 개인은 성공할 수 없다. 나에게 이익을 주는 존재가 누구인지 그를 발견하고 그를 위해서 내가 무엇을 베풀어야 서로에게 희망이 되는지 살펴보아야 한다. 그리고 어떻게 하면 상대를 기쁘게 움직일 수 있을지 연구하는 노력을 게을리해서는 안 된다.

이러한 노력에 힘쓴 기업은 항상 먼저 앞서 나갔다. 눈으로 보이는 성과의 차이에 기업은 고객을 중요하게 여기지 않으면 그 존재 자체가 어려워진다는 점을 알았다. 때문에 기업은 언제나 고객의 요구에 귀 기울였다. 행정기관도 기업을 벤치마킹하였다. 국민의 요구와 기대에 부합하지 못하면 국민으로부터 위임받은 권한을 유지하지 어렵기 때문이다. 그 파급은 전국 모든 기업과 기관, 학교와 병원 등 우리 사회 곳곳에 번져나가게 되었다.

그러나 아직 내가 꿈꾸는 우리 사회의 모습에는 한참 못 미치고 있다. 기업과 조직에는 고객만족 경영기법이 도입되었지만 아직 우리 사회 곳곳은 거친 생각과 말들로 가득하다.

합의를 도출하는 방법에서, 자신의 의견을 개진하는 방법에서 우리는 목소리를 높이고 거칠게 상대를 공격해야 원하는 것을 얻는다고 믿는 사람들을 보게 된다. 익명이라는 점을 이용해 인터넷에서는 개인의 상처를 드러내고 소중한 인권을 여지없이 무너뜨리고, 매스 미디어에서는 날로 저급한 언어와 행동들이 난무하며 질 낮은 문화가 마치 우리의 본 모습인 양 왜곡되고 있다. 아이를 사랑하기에 폭언으로 교육하노라 하는 부모와 선생님도 마음을 무겁게 한다.

나는 개인과 사회가 고객만족의 리더십으로 변화하길 강력히 요구한다. 우리는 질타와 비난, 편 가르기와 저주의 굿판을 벌이지 않고도 미래의 변화와 개혁을 해 나갈 수 있는 잠재력이 있다. 그것이 정도이다.

체면을 중시하는 우리 민족은 다른 사람의 체면도 소중히 여겨왔다. 품위 있는 행동과 교양은 우리의 전통이다. 서로의 섬김과 배려, 그리고 건강한 미소와 유머 넘치는 대화만으로도 갈등을 해소하고 혁신을 추구하고 발전을 도모할 수 있음을 증명하고 싶다.

이제 나의 강의 경험과 함께 고객만족의 마인드를 높일 수 있는 사례들을 독자들과 함께 나누며 우리 사회 곳곳의 아름다운 이야기들과 생생한 체험을 이야기할 것이다.

이 책을 읽게 되면 내가 먼저 내 주변 모든 사람을 고객으로 대할 때 그들은 당신에게 받은 것 몇 배로 되돌려 줄 것이라는 것을 믿게 될 것이다. 내가 먼저 베풀 때 그들도 반드시 나 혹은 또 다른 이에게 베풂을 나눈다는 사실도 믿게 될 것이다. 우리가 서로를 귀히 여기고 존중할 때 진정한 아름다운 사회, 진정한 선진국을 만들어 나갈 수 있음을 확신하며 이 책을 읽는 독자 여러분은 기꺼이 여기에 동참해 줄 것임을 믿는다.

본권은 네 부분으로 나누어져 있다.

Part 1 "고객을 감동 시켜라"는 전국을 다니며 강연활동을 하는 가운데 찾아낸 아름다운 우리의 모습과 고객만족의 살아 움직이는 여러 사례를 소개함으로써 우리가 가진 희망과 나아가야 할 사회의 모습을 제시한다. 생각을 바꾸지 않으면 행동이 바뀌기 어렵기 때문에 가장 중요한 마음을 바꾸는 따뜻한 이야기이다.

Part 2 "고객 서비스에도 테크닉이 필요하다"는 고객만족을 실천할 수 있는 세부적인 기술들을 모아 그 방법을 제시한다. 마음은 있지만 그 방법을 알지 못하는 경우에 기업에서 고객만족 교육을 실시할 때 도움이 되는 부분이다.

Part 3 "성공한 리더들이 갖고 있는 고객 경영 마인드"는 기업의 성공을 위해 고객만족을 해야 하는 이유와 함께 고객만족 리더의 마인드를 함양하는 이야기를 담고 있다.

Part 4 "고객 서비스, 이것이 궁금하다" 부분은 서비스 현장에서 직접 근무하는 사람들의 애로점을 질문과 답변의 형식으로 명쾌하게 풀어 놓았으며, 각 기업에서 고객만족을 간단명료하게 업그레이드하여 자료로 활용하기 좋게 꾸몄다.

이 책은 발라드의 황제라 일컫는 가수 신승훈이 10년 동안 살면서 자신의 수많은 히트 곡을 창작한 바로 그 자리에서 완성하였다. 몇 달 전 이곳으로 이사를 와 그 동안 준비해 두었던 글을 쓰기 시작했는데 마치 오랫동안 가슴속에 담아 있는 생각들이 차고 넘쳐서 나오고 있다는 생각이 들었다. 그의 창작 기운이 이곳에 남아 있는 것은 아니었을까?

"보이지 않게 사랑할거야." 신승훈의 노래 가사와 같이 지금도 보이지 않는 곳에서 고객을 사랑하고 묵묵히 섬기고 있는 모든 이들에게 이 책을 바친다.

2007년 9월
정영주

차례

Part 01
고객을 감동시켜라

고객만족 서비스의 시작 - 친절을 팔아라 _16
고객이 행복하면 당신도 행복해진다 _21
고객은 사소한 것에 감동한다 _23
고객맞춤형 서비스로 효과를 극대화하라 _25
마음으로 서비스하라 _29
작은 친절이 평생 고객을 만든다 _33
1%의 차이가 명품 서비스를 만든다 _35
고객을 칭찬하고 격려하라 _39
고객에게 자신의 영혼을 내어 주라 _42

* 고객에게 행복을 팔아라 _46
* 프로들의 삶은 빛이 난다 _49
* 환자로 대할 것인가, 고객으로 모실 것인가? _52
* 가족은 가장 소중한 고객 _56

Part 02
고객 서비스에도 테크닉이 필요하다

* 고객의 호칭을 바꾸면 마인드가 바뀐다 _62
* 고객을 시키지 말고 고객을 권하라 _64
* 인사법을 다양하게 활용하라 _66
* 신체의 위치로 친절 고객응대를 극대화시켜라 _69
* 고객거부의 말은 최후에 해도 늦지 않다 _71
* 멋진 전화 예절은 고객만족의 키포인트 _73
* 고객을 가족처럼 섬겨라 _75
* 고객응대에는 센스가 필요하다 _77
* 고객만족 테크닉도 연습에서 나온다 _79
* 고객만족은 눈맞춤에서 시작된다 _81
* 고객의 이름을 기억하라 _83
* 고객은 항상 옳다? _85
* 고객의 기대치를 넘어서라 _91

겉 다르고 속 다른 서비스는 가라! _93

준비된 고객이 제대로 된 서비스를 받는다 _98

마음을 주는 서비스가 진짜다 _100

감성 서비스로 업그레이드 하라 _102

고객만족은 외부고객만을 위한 것은 아니다 _105

친절 고객응대는 복수(卜數)로 행하라 _107

I meSSage 테크닉 _109

때로는 눈 뜬 장님이 되라 _112

고객의 '프라이버시'를 보호하라 _114

고객을 위한 필수 이미지 지수 Check _116

미소 담긴 얼굴로 무장하라 _120

호감 주는 대화로 고객을 설득하라 _124

열광하는 충성고객으로 만들어라 _129

Part 03
성공한 리더들이 갖고 있는
고객 경영 마인드

※ 고객 서비스는 경청에서 시작된다 _136

※ 행동으로 모범을 보여라 _138

※ 고객이 마음에 들 때까지 _141

* 샘 월튼의 성공 법칙 _144
* "고맙습니다"를 외치는 병원 _148
* 고객만족 경영철학 _151
* 모두가 리더가 되는 고객만족 리더십 _153
* 직원을 감동시켜라 _156
* 진정한 리더는 격려의 순간을 놓치지 않는다 _159
* 고객섬김의 선봉에 서라 _162
* 고객만족 리더는 가슴으로 경영을 한다 _166
* 저는 그저 '고객 섬김이'입니다 _169
* 고객이 기뻐하는 것이 내가 존경 받는 길이다 _171
* 고객만족 1위 기업에 뽑히는 비결 _174
* 고객은 우리의 선행을 지켜본다 _176
* 모두를 만족시키는 나눔 경영 _178

Part 04
고객 서비스 이것이 궁금하다

* Q&A _184

고객만족 서비스의 시작 - 친절을 팔아라
고객이 행복하면 당신도 행복해진다
고객은 사소한 것에 감동한다
고객맞춤형 서비스로 효과를 극대화하라
마음으로 서비스하라
작은 친절이 평생 고객을 만든다

Part 01
고객을 감동시켜라

1%의 차이가 명품 서비스를 만든다
고객을 칭찬하고 격려하라
고객에게 자신의 영혼을 내어 주라
고객에게 행복을 팔아라
프로들의 삶은 빛이 난다
환자로 대할 것인가, 고객으로 모실 것인가?
가족은 가장 소중한 고객

고객만족 서비스의 시작 – 친절을 팔아라

그녀에게 오늘은 매우 특별한 날이다. 결혼하고 10년 만에 다시 일을 시작하는 첫날이기 때문이다. 교육도 받았고 열심히 하겠다는 마음도 다졌지만 왠지 불안하기도 하고 긴장이 되기도 했다.

그녀는 일을 하고 싶기도 했지만 일을 해야만 하는 상황이라 각오도 남달랐다. 용기를 주는 남편과 엄마가 없는 불편함도 참아내는 귀여운 아이들이 있어 그녀는 새롭게 시작한 일이 더 소중하고 행복했다. 그녀가 반말투로 말하는 거만한 고객을 만나기 전까지는…….

"아줌마! 이거 크기가 이렇게 큰 거뿐이야? 마트에 오면 전부 큰 용량뿐이니…… 작은 건 없어?"

아줌마란 소리와 반말에 그녀는 순간 기분이 확 나빠지려 했지만 일단 참고 얼굴 표정을 바꾸지 않았다. 교육 내용을 다시 상기했기 때문이다.

"안녕하세요? 고객님. 어떤 걸 찾으십니까?" 그녀는 오히려 더 친절한 표정과 말투로 대했다.

"작은 거. 이렇게 묶어둔 거 말고 하나씩 된 거로 작은 거 말이야. 어유! 몇 번 이야기해야 알아들어?"

그녀는 사전어, 부메랑화법, 복수응대, 권유형 등 교육받은 내용을 총동원하여 밝은 표정으로 응대했다.

"아, 네. 용량이 작은 상품 말씀이시죠? 창고에 있는데 제가 가져다 드리겠습니다. 잠시만 기다려 주시겠습니까?"

그녀는 빠른 걸음으로 창고에 들러 고객이 원하는 물건을 찾아 돌아오니 고객은 저만치 멀리서 쇼핑을 하고 있었다.

상품을 들고 고객에게 다가가 "고객님, 찾으시던 물건입니다."라는 말과 함께 미소와 아이 컨텍을 하며 두 손으로 공손히 건네 드렸다.

"됐어요. 딴 거 샀어." 고객은 쳐다보지도 않고 다른 상품을 집더니 카트 속으로 집어 던졌다.

순간 지하창고까지 달려갔던 다리에 힘이 쭉 빠졌다.

"그러세요, 고객님. 그럼 즐거운 쇼핑되시고요, 작은 용량의 상품도 다 있으니 보이지 않으면 언제든 말씀해 주세요?"라고 말한 후 30도 인사를 했다.

그러나 불친절한 고객은 고맙다는 말은커녕 눈길 한번 주지 않고 갔다. 고객이 고르다 함부로 놓은 상품들을 바르게 진열하다 보니 눈물이 조금 나려 했다.

'휴우, 그래. 내가 하는 일은 단순히 물건을 파는 것이 아니라 고객에게 즐거움을 드리는 것이라 했지. 저 고객은 오늘 무슨 일로 마음이 상해 쇼핑을 나왔을 거야. 남편과 다투었을까? 나도 속상한 일이 있을 때 쇼핑센터를 한 바퀴 돌고 나면 기분이 나아졌었어. 부유해 보이지만 행복해 보이지 않는 그 고객을 다시 뵈면 더 밝고 환하게 응대해야지.'

"친절은 나를 비우는 것이다. 나를 비울 때 새로운 내가 태어난다. 내면이 충만하고 행복한 사람이 친절을 베풀 수 있다. 친절 서비스는 감정노동이다. 따라서 업무에서 친절하게 하는 것과 미소짓는 것, 고객의 편의를 위해 최선을 다하는 것은 나의 중요한 업무다." 서비스 강사님의 말들이 떠올랐다.

이렇게 생각한 그녀는 다시 기운을 차리고 바른 대기자세로 고객을 기다리고 있었다.

"저기. 아까 그 물건 다시 줘 봐요."

멀리 간줄 알았던 고객이 다시 오는 것이 아닌가.

그녀는 더 밝고 명랑한 목소리로 반갑게 고객맞이를 했다.

"어서 다시 오십시오, 고객님. 이 상품 말씀이시죠?"

"다시 오시니 참 반갑습니다."

"아까 찾으시던 작은 용량도 사용하시기 편리하지만 이번 행사기간 동안 대형 용량 2개 값에 3개를 드리고 있답니다. 30% 저렴한 값에 구입하시게 되는 셈이죠."

그녀는 진심으로 고객의 입장에서 말하고 행동하였다.

"음. 그럼 큰 것 2개 사서 시집간 딸이랑 나눌까?"

"어머나! 그렇게 큰 따님이 있으세요? 그렇게 안 보이는데……."

드디어 불친절한 고객의 얼굴에 미소가 흘렀다.

그녀는 정성스럽게 고객이 원하는 상품을 카트에 담아 드렸다.

"가까이 보니 아줌마 아니네. 아깐 미안했어."

끝까지 반말이었지만 그녀는 기분이 좋았다.

"호호, 저 아줌마 맞아요. 고맙습니다."

이젠 고객의 얼굴이 아주 환히 빛났다.

"고객님, 안녕히 가십시오."

그녀는 깍듯한 인사로 마무리하였다.

고객이 계산대로 가면서 말했다. "수고해요. 참 친절하네."

그녀는 너무 기분이 좋았다. 이제 그 고객은 만날 때마다 서로 반갑게 기분 좋은 인사를 나눌 것이다. 드디어 그녀의 단골 고객이 탄생하는 순간인 것이다. 내가 할 수 있을까 생각했던 불친절 고객응대를 교육받은 대로 행하고 보니 정말 오히려 자신이 더 기분 좋아졌다.

이제 그녀는 친절한 서비스가 뭔지 아주 조금 알 것 같다. 자연스럽게 몸에 배는 것과 습관화시키는 것, 거기에 나만의 독특한 서비스를 제공하는 것, 그것이 남은 과제란 생각을 했다.

그녀는 오늘 정신없이 바빴지만 사람들에게 친절하게 도움을 주며 지낸 하루가 의미 있고 보람되었다는 생각을 했다. 그녀는 교육 중에 가장 가슴에 남는 글을 다시 떠올려 보았다.

"친절은 세상에서 가장 아름다운 얼굴입니다."

우리는 누구나 자신이 하는 일에서 어려움과 스트레스를 느끼며 살아간다. 화를 내고 인상을 쓴다고 그 어려움이 해결되지 않을 바에야 즐거운 마음으로 적극적인 대처를 하는 것이 나 자신을 위해서도 회사를 위해서도 바람직하다.

많은 성공한 사람들은 "위기를 기회로 삼았다."라고 한다. 힘든 고객에게도 정성을 다한 그녀의 모습은 위기를 기회로 삼은 진정 아름다운 프로의 모습이 아닐까?

고객과의 대화 예절 6가지

1. 고객의 이야기에 열심히 귀를 기울인다. 거북해하거나 아는 체하는 표정을 짓지 않는다.
2. 고객의 말을 막지 않는다. 비록 어리석은 소리라 할지라도 상대가 하고 싶은 말을 하게 한다. 말을 중간에 막는다면 상대는 자신의 말을 듣기 싫은 것으로 생각한다.
3. 고객의 직함이나 이름은 곧 외워서 사용하도록 한다.
4. 고객의 이야기가 자신의 의견과 다르더라도 그 자리에서 지적하지 않는다. 말이 끝나면 "저의 견해를 말씀드리겠습니다." 하는 식으로 대화한다.
5. 자신이 고객보다 잘났다는 태도를 보여서는 안 된다. 고객을 낮추어 보게 되면 반감을 사게 된다. 실제로 자신이 우월하더라도 고객은 그것을 인정하지 않고 있다.
6. 자신의 의견이 잘못되었으면 솔직하게 사과한다.

고객이 행복하면 당신도 행복해진다

자주 가는 주유소에는 수년째 한곳에서 주유 일을 하는 청년이 있다. 나이는 20대 중반쯤으로 보이며 키는 작고 통통한 몸매의 귀여운 인상의 청년이다. 항상 웃고 있는 그는 언뜻 보기에 지능이 조금 덜 발달된 듯하다. 그렇기 때문에 한 주유소에서 오래 근무하지 않을까 하는 생각도 했었다.

그의 주유 방식은 다른 주유원과는 사뭇 달랐는데 나는 그 어떤 곳에서 기름을 넣을 때보다 그 청년에게 기름을 넣을 때 행복했다.

우선 차가 들어서면 대부분의 주유원은 무표정하게 팔을 흔들며 차량 안내를 하게 되는데 그 청년은 조금 남다르다. 차량 안내를 할 때면 크게 미소지으며 팔을 신나게 흔든다. 가끔은 내 차가 오기를 기다렸다는 듯이 뛰면서 안내를 하기도 한다. 나만의 착각일지는 모르겠지만 내가 와서 기뻐하는 듯한 표정이 역력하다. 나는 그때부터 저절로 미소가 나오며 행복해지기 시작한다.

차가 정차하고 차창을 내리면 대부분의 주유원은 "얼마 넣어 드릴까요?"라고 말하지만, 이 주유원은 여드름이 활짝 핀 얼굴을 차창 가까이 대고는 큰 소리로 묻는다.

"오만 원어치 넣으시죠?"

"네~!"

그는 맞췄다는 기쁨에 다시 환한 미소를 보내곤 했다. 그 청년은 나를 기억하고 있는 것이다. 내가 올 때마다 오만 원어치씩 넣는다는 사실을⋯⋯.

나는 때로는 3만 원을 넣어야 할 때도 있고 가득 채워야 할 경우도 있지만 그렇게 하지를 못한다. 그를 헷갈리게 하고 싶지 않기 때문이다.

나 아니고 그 누구도 알지 못하는 나의 습관을 그는 기억하고 있다. 전국 어느 주유소에서도 받지 못하는 진정한 서비스를 그는 나에게 제공하고 있는 것이다.

이름을 기억해 준다는 것, 고객의 사소한 습관을 기억해 준다는 것, 고객의 취향을 기억해 준다는 것은 행복을 만들어 준다.

고객을 행복하게 만들고 싶다면 그를 찬찬히 바라보고 그가 가진 소소한 면을 기억하라. 그리고 그것을 알고 있음을 말하라. 고객은 단번에 행복해질 것이다. 고객이 행복하면 당신도 행복하다.

고객은 사소한 것에 감동한다

친절, 예절을 강의하는 나는 언제, 어디서나 누구를 만나든 그 사람과 조직의 친절도에 대해 평가를 하게 된다.

"음, 좀 하는 구나" 혹은 "기대 이하인데", "큰일이다" 등으로 생각을 하지만 요청을 하지 않는 바에야 거의 조언을 하지 않는다.

내가 살던 아파트에는 많은 경비원이 있고 대부분 훈련받은 대로 정중하고 친절했다. 그러나 그 가운데서도 유독 친절한 경비원이 있었다.

그는 아무리 날씨가 추워도 근무시간에 경비초소 안에 앉아 있지 않았다. 반듯이 서서 오가는 사람들을 주의 깊게 관찰하고 도움을 주려는 자세를 취하고 있었다.

좀 먼 거리에서 주민이 걸어오면 활짝 웃는 모습으로 쳐다보며 기다리다 좀 더 가까이 다가오면 아주 활기찬 목소리로 인사를 건넸다. 그

인사말은 분명 때와 상황에 맞게 변화를 주며 건네는 것이었다. "안녕히 다녀오세요."란 말에는 항상 45도 이상의 인사를 깍듯이 했다.

그동안 내가 들은 인사말은 이러하다.

"날이 춥습니다. 옷은 따뜻이 입으셨습니까?"

"오늘이 보름인데 오곡밥은 드셨습니까?"

"오늘은 혼자 외출하시네요. 조심히 다녀오십시오."

"잘 다녀오십니까? 걸어오시니 힘드시죠?"

"출근이 이르십니다. 오늘 길이 미끄러우니 조심하세요."

이 글을 쓰는 중에도 그분의 웃는 표정과 따뜻한 목소리가 느껴진다. 하루는 잠시 멈춰서 그 경비원에게 말을 건넸다.

"아저씨. 친절하셔서 여기저기서 상 많이 받으셨죠?"

나의 말이 떨어지기가 무섭게 그의 얼굴이 환해졌다. 두 군데서 친절 봉사상을 받은 경력과 몇 군데 매체에 실린 이야기를 풀어 놓았다.

"그럴 줄 진작 알았어요. 뵐 때마다 얼마나 친절한지 하루가 다 기분이 좋아졌답니다. 감사 드려요."

나의 관심에 그 경비원은 더욱 고무된 듯했다. 얼마 후 그는 아파트 정문의 보안책임자로 배치되어 더욱 열심히 일하는 모습을 보여주었다.

사회적으로 인정받기 어려운 일을 하는 사람들의 표정이 어두울 때 우린 그 사람의 인생 전체를 어둡게 보게 된다. 남이 알아주지 않는 일이라 해도 의미와 새로운 가치를 심고 주변을 밝게 만드는 그 경비원은 진정한 고객만족 스타이다.

고객맞춤형 서비스로 효과를 극대화하라

예전 K대학교 앞 작은 중국집의 배달원이었던 김대중 씨는 지금 기업체 강사로 활발히 활동하고 있다.

그는 중국집 배달 업무에 종사하면서 독특한 아이디어로 주위를 놀라게 하였다. 그의 일하는 방법과 고객을 연구하는 모습은 그 학교 경영학 교수에게 깊은 인상을 남기게 되었고, 자신이 중국요리를 배달하던 그 학교에서 경영학과 교수와 학생을 대상으로 특별강연을 하게 되었다.

이를 계기로 그는 전문 강사로 자신의 경험과 노하우를 전수하기 시작했다. 산업 강사로서 성공한 그는 지금도 사무실에 예전 자신이 어려운 시절 입었던 해병대 유니폼을 닮은 배달복을 걸어 두고 있으며 그때를 잊지 않고 있다.

그는 배달원이라는 직업을 부끄럽게 여기지 않았다. 자신이 누군가를 위해 무엇을 가져다 주는 존재라는 것을 즐겁게 여겼다. 때문에 그는 배달을 할 때 일하기 좋으면서도 멋진 복장을 택해 입었다. 바로 해병대 스타일 복장이었다. 거기에 머리띠를 두르고 검은 선글라스로 독특한 개성을 연출하여 사람들의 눈길을 끌었다. 그는 오토바이를 탈 때에도 항상 멋진 포즈와 즐거운 표정으로 사람들의 주목을 끌었으며 그 모습을 한 번 본 사람은 반드시 기억하게 만들었다.

그는 배달과 함께 중국집 홍보도 함께 했다. 배달용 오토바이에 커다란 깃발을 달고 양 옆에 업소를 홍보하는 판을 달아 오토바이가 운행할 때에는 배달뿐만 아니라 홍보의 효과를 냄으로써 효과를 두 배로 극대화시켰다. 중국집뿐만 아니라 배달원 자신의 독특한 이미지를 만들어 그것을 고객에게 각인시켰다.

그는 중국집 홍보용 '성냥' 혹은 '이쑤시개' 대신 '스타킹'을 준비했다. 대부분 많은 요리를 주문하는 고객은 여자라는데 착안을 한 것이었다. '스타킹'을 받은 여성고객은 강한 인상을 받게 되었고 추후 주문이 확실히 오는 효과를 얻었다.

그는 유연성 있는 서비스를 했다. 보통의 모임에서 요리를 주문하면 군만두를 서비스로 제공했지만 학생행사 모임에는 소주 한 병을 무료로 가져다주었다. 특히 군만두를 주문하는 손님은 술 한 잔이 생각나는 고객이라는 점을 알고 군만두 주문 고객에게도 소주 한 병을 무료로 서비스했다. 고객의 내면을 배려하는 감동의 서비스였다.

그는 연말 학과별 주문량을 순위로 정해 공표했다. 이색 이벤트로 학교와 학생들의 호기심을 충족시켜 줌과 동시에 고객 주문을 데이터화해서 서비스의 사각지대에 놓인 고객에게 공평한 서비스의 기회를 제공하기도 했다. 즉, 1년에 고가의 요리를 한 번 주문한 고객에게는 군만두 등의 서비스가 나가지만 일 년 내내 자장면을 수십 그릇 주문한 고객에게는 아무것도 제공되지 않는 모순을 없애기 위해 데이터를 수집했다. 자장면을 자주 주문한 고객에게도 연말에 서비스로 군만두를 무료로 제공해 준다는 점은 독특하고도 공평한 서비스로서 고객의 기억에 남게 되었다.

그는 시간이 없는 고객을 위해 자장면을 미리 비벼 주었다. 병원 인턴들은 자장면이 배달이 간 뒤에도 환자들로 인해 먹지 못해 그냥 불고 마는 경우를 많이 보았던 것이다. 미리 비벼 놓은 자장면은 불지 않기 때문에 맛있게 먹을 수 있었다. 이는 지금 중국집에서 유행하는 '쟁반자장'의 효시가 될 정도로 유명해졌다.

그는 돈이 없는 손님을 배려해 자장면을 주문한 고객에게 짬뽕 국물을 서비스로 제공했다. 그가 고객을 살펴본 결과 돈이 없어 얻어먹는 손님은 대부분 눈치를 보다가 자장면을 주문했다. 마음속으로는 짬뽕이 먹고 싶어도 그렇게 못하는 것이다. 그는 그런 손님에게 살짝 짬뽕 국물을 내어 놓았다. 고객의 숨겨진 마음까지 찾아 배려하는 이런 전략은 사람을 사랑하는 마음이 없이는 누구도 생각하지 못하는 것이다.

그는 또 고객의 취향과 건강을 염려했다. 자장면 하나를 주문한 고객이라도 그 고객이 단무지를 많이 먹는지, 김치를 원하는지 적어 두었다가 다음에 주문할 때 반영하였다. 단무지를 좋아하는 고객에겐 단무지 두 개를 미리 가져다 주는 서비스를 한 것이다. 그리고 손님에게 자장면에 식초를 넣어먹으면 소화가 잘되고 고춧가루를 넣어 먹으면 느끼한 맛이 사라진다는 비결도 알려주었다.

그는 고객이 원하면 전쟁터에도 가야 한다는 프로 자세를 보였다. 대학 내에서 시위가 있어도 전경과 학생 사이 격전장을 오토바이로 누볐다. 대학 내에 행사가 있으면 그 행사 관련 학과의 티셔츠를 착용하고 배달을 해 고객과의 공감대를 형성하는 이벤트를 연출하기도 했다. 그는 자신의 트레이드마크를 '번개'로 삼아 늘 신속하게 배달하는 것으로 유명했다.

시간이 제한되고 바쁜 교수님들에게는 전표를 앞당겨 더 빨리 배달하는 대신 양을 조금 적게 담아 신속하게 드실 수 있도록 배려했고, 조금 늦게 배달하는 학생에게는 넉넉한 양을 배달해 모두에게 만족할 만한 서비스를 제공했다.

그는 가장 낮은 일에서 가장 고귀한 부분을 찾아 자신의 삶을 성공으로 이끌었다. 누구라도 할 수 있었지만 아무도 하지 않았던 일을 그는 했다. 그가 시작했던 일은 이젠 우리나라 어디서나 하고 있는 일로 보편화되었다. 그가 중국집에서 찾아낸 훌륭한 아이디어는 모두 고객을 귀하게 여기는 데서 나온 것이다.

그가 했던 일을 한 번 짚어 봄으로써 내가 지금 하고 있는 일에서 어떤 부분을 혁신하고 새로운 아이디어를 찾을 것인지 생각해 볼 수 있을 것이다.

마음으로 서비스하라

미국 덴버 워싱턴 파크 지역에서 우편물을 배달하는 우체부 프레드는 이제 미국의 저명인사가 되었다. 그의 이름을 딴 '프레드 상'은 프레드처럼 살아가는 사람에게 주는 상이다. 어떻게 살고 있기에 살아 있는 프레드와 닮기를 원하는 사람이 늘어 가고, 프레드처럼 살아가는 사람에게는 "당신은 프레드입니다."라는 말로 칭찬을 하게 되었을까?

프레드는 평범한 외모를 가진 평범한 일을 하는 우체부이지만 그가 배달하는 지역에 살고 있던 작가이자 리더십 강연가 마크 샌번은 그의 이야기를 책으로 만들어 미국 사회에 열풍을 일으켰다. 프레드의 어떤 점이 사람들을 그토록 감동하게 하는 것일까?

그는 자신의 일을 일로서 하는 것이 아니라 가슴으로 그 일을 대한다. 자신을 우편물을 배달하는 사람이 아니라 우편물을 받는 사람에게 우편물을 통한 도움을 주는 사람으로 자신의 일에 대한 가치를 달리한다.

대부분의 우체부들은 의무로 배달을 하지만 그는 배달을 통해 사람과 교류를 시도한다. 그 지역에 새로운 사람이 이사를 오면 찾아 가서 인사를 하고, 새로운 주민인 그 사람을 어떻게 도와주면 가장 편리하게 우편물을 받을 수 있을지 고객이 좋아하는 방법과 그가 처한 상황을 파악하는 데 오랜 시간을 투자한다. 그는 모든 것을 가슴으로 생각한다. 가슴 따뜻한 인간에 대한 애정과 배려는 사람들의 감동을 일으키는 행동을 가능하게 하였다.

집을 자주 비우는 사람을 위해서는 그 사람의 스케줄을 미리 파악해 우편물을 보관하고 있다가 집에 돌아오는 시간에 배달을 해 준다. 우체통이 작은 집에는 작은 우편물은 통 속에 넣어 두고 큰 우편물은 집 안에 밀어 넣어 준다. 혹시 큰 우편물이 분실되지 않게 매트로 덮어 두고 우체통에는 메모를 적어 주인이 알 수 있게 한다. 여러 개의 우편물은 가지런히 묶어 구겨지거나 흐트러지지 않게 하고, 우편물을 배달하다 잘못 배달된 택배물건을 발견하면 스스로 그것을 제 주인에게 배달해 준다. 우편물을 배달하지만 청소차가 아무 데나 놓아 둔 재활용 쓰레기통의 뚜껑을 덮고 제자리에 반듯하게 놓아둔다. 배달 간 집 현관에 광고물이 부착되어 있으면 그것을 떼어내고, 인도에 흩어진 신문도 치워 준다. 우편물만 배달하는 것이 아니라 지역 주민의 안전과 편안한 삶을 도와주는 일을 매일 하고 있는 것이다.

우체부이기 전에 따뜻한 가슴을 지닌 프레드는 비번인 날도 동네를 돌아보며 주민들과 만나 대화를 하며 교류를 한다. 그는 빈틈없는 업무를 한 것에 만족하지 않고 사람에 대한 관심과 배려를 베풀며 살아간다.

그의 말을 들어 보자.

"나는 매일 행복해지고 싶습니다. 나 자신에 대해 뿌듯한 자부심을 느끼고 싶습니다. 나는 다른 사람을 도울 때 얻는 만족감을 통해 그런 자부심을 갖습니다. 나는 다른 사람을 돕는 것이 즐겁습니다. 만약 어떤 다른 목적 때문에 다른 사람들을 돕는다면 진정으로 즐겁지는 않겠죠. 나는 하루 일을 끝내고 집에 돌아갈 때마다 마을 사람들을 진정으로 돌보았다는 기분을 느끼고 싶습니다. 나는 그들의 친구가 되고 싶습니다. 서로 도와주고 서로 기대는 그런 친구 말입니다. 주변 사람을 미소짓게 만드는 데 많은 시간이 걸리는 것은 아닙니다. 나를 통해 우편물을 배달받는 사람들을 웃게 만들 수만 있다면 내게는 그게 바로 보상입니다. 나는 사람들에게 걱정거리를 덜어주고 싶습니다. 내게는 그런 일이 예수님이 가르쳐준 황금률에 맞춰 사는 것만큼이나 간단합니다. '남에게 대접받고 싶은 대로 너희도 남을 대접하라.'고 하지 않으셨습니까?"

그는 인간관계 속에서 자신을 발전시켜 나가는 법을 알고 있다. 사람을 존중하고 늘 친절히 대하며 그를 염려하며, 나 아닌 다른 사람의 삶을 풍요롭게 만들기 위해 고민하고 노력한다.

사람을 가슴으로 대하는 프레드의 일상은 타인에게는 감동을 주고 자신에게는 기분 좋은 에너지를 만들어 자신이 가치 있고 타인에게 영향을 끼치는 중요한 존재로 거듭나게 된다.

너무나 평범한 우체부 프레드는 우리가 어떻게 살아가야 하는지 좌표를 보여 주고 있다.

고객만족 달인의 6단계

최고의 고객만족 서비스 달인이 되기 위해서는 여러 단계를 거쳐야 한다. 어느 날 갑자기 서비스 슈퍼스타가 되기는 어렵다. 고객만족 달인의 단계를 살펴보면서 나는 지금 어느 단계에 있는지 알아보자.

첫 번째 단계는 고객지향의 단계이다. 생산지향에서 고객지향으로 고객의 존재가 중요하다고 처음으로 인지하는 단계이다.

두 번째 단계는 고객초점의 단계이다. 조직이 고객을 대할 때 마음과 감정은 개입되지 않고 머리 중심으로만 대하는 단계라고 할 수 있다.

세 번째 단계는 고객기쁨의 단계이다. 고객에게 즐거움과 기쁨을 주는 방향으로 나아가기 위해 여러 가지 방안을 마련하고 실천해 보는 단계이다.

네 번째 단계는 고객만족의 단계이다. 조직의 대부분이 고객만족을 주장하면서도 실제로는 고객의 불만족 제거 내지 축소하는 데만 역점을 두는 단계이다.

다섯 번째 단계는 고객감동의 단계이다. 예전과는 다른 차원으로 고객의 욕구 및 기대 이상을 고객에게 제공하며 고객의 마음을 사로잡는 단계로서 고객은 제품의 질과 서비스의 질을 온몸으로 느끼는 단계라고 할 수 있다.

여섯 번째 단계는 고객감격의 단계이다. 조직이 지향하는 최고의 단계로 조직이 사회와 국가가 추구하는 가치를 이루는 광범위한 의미의 목적에 다다르는 단계이다.

작은 친절이 평생 고객을 만든다

작은 친절이 우리에게 주는 행복은 크다. 특히 몸과 마음이 어려울 때는 더욱 그렇다.

가을이 깊어가던 어느 날 아침 출근 길 K문고에 들렀다. K문고는 10시부터 영업을 했고 나는 9시 30분에 도착했다. 30분을 어디서 보내나 하며 비 오는 하늘을 망연히 쳐다보았다. 그때 맞은편 햄버거 가게의 유리에 붙은 작은 안내문이 눈에 띄었다.

"저희 화장실은 시민을 위해 개방되어 있습니다."

갑자기 화장실이 가고 싶어졌다. 가게에 들어서자 향기로운 커피향이 가득했고 벽은 흘러간 옛 스타의 사진으로 온통 장식되어 있었다. 직원들은 환한 미소의 인사를 했고 난 웃으며 화장실로 갔다. 3층의 화장실은 향기까지 신경을 쓴 듯 그 어느 곳보다 깔끔했다.

나는 10시까지 남은 시간 동안 모닝커피 향을 온몸으로 마시며 3층부터 1층까지 벽에 장식된 스타들의 사진을 보며 추억에 잠기었다.

엘리자베스 테일러, 그레이스 켈리, 비비안 리, 매릴린 먼로, 데보라 카, 소피아 로렌, 잉그리드 버그먼, 오드리 헵번 등 한 시대를 풍미했던 스타들의 젊고 아름다운 시절의 모습 그대로 그곳에 있었다.

그들의 삶을 생각해 보니 제 아무리 빛나는 삶에도 그림자는 있다는 말이 떠올랐다. 삶은 유한하고 젊음은 금방 사라진다는 것과 생로병사는 아무도 피할 수 없다는 것을 다시 생각하니 내가 겪고 있는 어려움이 아무것도 아닌 것처럼 느껴졌다.

삶에 어려움이 생기면 마음도 초라해진다. 그러나 그날은 달랐다. 향기로운 커피와 멋진 분위기. 그리고 화장실을 개방하는 친절한 서비스 덕분에 그날 난 귀족 같은 아침을 보내고 또 덤으로 어려움을 헤쳐 나갈 용기까지 얻었다.

그렇게 좋은 시간을 그곳에서 보내고도 미안하게도 난 커피 한 잔 마시지 않고 그곳을 나왔다. 그럼에도 조금도 내가 미안한 마음이 들지 않게 배려하는 느낌을 받았다.

이다음에 K문고를 가게 되면 꼭 그곳에 들르고 싶다. 아니 햄버거를 먹을 때는 난 항상 그곳에 가게 될 것 같다. 작은 친절이 평생 고객을 만들 수 있다는 것을 보여주고 싶다.

1%의 차이가 명품 서비스를 만든다

북대전 톨게이트에서 요금 징수 일을 하는 김기숙 씨는 6개월 계약직으로 도로공사에 입사를 했다. 세 아이의 엄마이자 군인의 아내인 그녀는 아이들이 자라자 자신의 일을 하고 싶었다. 그래서 택했던 직업이 고속도로 요금 징수일이다.

길지 않은 교육을 마치고 업무에 들어간 그녀는 그 일이 그리 만만치 않다는 것을 알게 되었다. 일일 3교대로 하루 8시간을 근무해야 했으며, 그 좁은 공간에서 하루 800대에서 1,000대 가까이 되는 차량의 요금을 계산하고 영수증과 잔돈을 내어 드리는 일은 주부로 지내던 그녀에게는 힘에 벅찬 일이었다.

잠시도 쉴 틈이 없이 정신없이 일을 해야 했고 오후가 되면 눈은 침침하고 다리는 부어 고통스러웠다. 야간 근무를 할 때면 쏟아지는 졸음을 참으며 근무를 해야 했다.

'직장 생활이라는 것이 이런 것이었나. 돈 벌기가 정말 어려운 것이구나.' 하는 생각이 들면서 그만 두고 싶은 생각이 굴뚝 같았다. 그러나 6개월간 근무하겠노라고 엄연히 계약을 한 상태라 그만 둘 수도 없는 노릇이었다. 더욱이 직장생활을 반대하던 가족들에게 큰소리치며 나도 사회에 나가 일해 보겠노라 말했던 것이 걸려 다시 되돌아가기도 곤란하였다.

그녀는 '무엇이 나를 이렇게 힘들게 하나.' 하는 생각을 곰곰이 했다. 생각해 보니 그녀가 힘들다고 생각했던 것은 신체적인 고통보다 하루 종일 8시간 동안 지나치는 사람들과 어떤 교류도 없이 기계가 되어 일만 한다는 사실이었다.

그러던 중 근무시간에 사람들과 어떤 교류를 하게 되면 힘들지 않을 것이라는 생각에 미치게 되었다. 어차피 피할 수 없는 시간들이라면 나와 마주하는 그 사람들에게 무엇인가 주면서 그 시간을 보낸다면 의미 있는 시간으로서 가치를 느낄 수 있을 것 같았다.

그녀는 다음날부터 용기를 내어 요금을 내는 사람들에게 크고 낭랑한 목소리와 표정으로 밝게 인사를 건네기 시작했다. 그것도 그냥 건네는 것이 아니라 거스름돈과 영수증을 건네면서 운전자의 손을 살짝 잡으며 인사를 건넸다.

"운전하느라 힘드셨죠? 남은 여정도 안전 운전하세요." 하며 운전자의 손을 살짝 흔들었던 것이다.

대전지역의 사람들은 대체로 표현이 서툰 편이었다. 대부분의 요금징수원이 기계처럼 말없이 요금을 주고받던 시절 그녀의 이런 행동은 사람들을 깜짝 놀라게 한 것은 물론 금방 기억에 남는 사람으로 만들었다.

그녀가 근무하던 북대전 톨게이트에는 두 개의 요금 창구가 있는 작은 규모의 톨게이트였다. 그렇게 새로운 마음으로 하루에 만나는 모든 사람들에게 마음으로 인사를 나눈 지 며칠이 지나자 놀라운 일이 벌어졌다. 고속도로 톨게이트를 지나는 사람들이 그녀가 어느 쪽에서 근무하는지 살펴본 후 그녀가 있는 쪽으로 줄을 서기 시작한 것이다. 또 사람들이 먼저 그녀를 알아보고 인사를 건넸으며 모두 웃는 얼굴로 톨게이트를 떠나는 것이었다.

그녀는 하루 천 명의 사람들과 교류하면서 보내는 시간들이 힘든 하루 일과를 잊게 해줄 뿐만 아니라 사람들에게 기쁨을 준다는 사실을 깨닫게 되었다.

시간이 지날수록, 그녀가 그곳을 지나는 사람들과 친해지면서 고객들이 오히려 그녀에게 받은 인사에 대한 보답을 하려는 현상이 생겨났다. 닭을 배달하는 사람은 닭 한 마리를 그녀에게 던져 주기도 하고, 낚시를 다녀오는 사람은 잡은 물고기를 선물로 주기도 했다. 그녀가 매일 받는 선물은 숫자도 많고 다양했다.

두어 달이 지난 어느 날 대전 지역 신문사 기자가 찾아왔다. 하루 천 대의 차가 지나치니 천 명의 사람들과 교류를 하게 되었고, 그들 가운데는 언론계에 일하는 사람도 있었던 것이다. 그녀를 눈여겨 본 사람들의 추천으로 그녀의 사연이 신문 기사로 실리게 되었다. 또한 그녀의 팬클럽인 '김기숙씨를 사랑하는 모임'이 생기기도 했다. 이 모임에서는 도로공사에 그녀에게 표창을 수여하고 정사원으로 채용해야 옳다는 청원을 하기에 이르렀다.

　도로공사에서는 화제를 일으킨 그녀를 표창으로 격려함과 동시에 정사원으로 채용하였고, 그녀를 전국 톨게이트 요금징수 요원들의 교육 강사로 선임하였다. 그녀는 그녀만의 살아 있는 사례와 고객만족의 마음을 강의 주제로 교육을 하였고 큰 반향을 불러일으켰다. 그녀는 중앙방송 9시 뉴스에서 10분 이상 다룰 정도로 유명세를 타게 되었고, 그녀는 근무하는 틈틈이 고속도로 휴게소 직원들의 교육도 담당하게 되면서 전국으로 활동을 넓혀 나가게 되었다.

　이렇게 고객을 사랑하는 사람은 주변 사람들을 변화하게 한다. 이제 대한민국 국민은 고속도로를 이용할 때 즐겁게 인사하고 미소짓는 도로공사 직원들을 만나게 된 것이다.

　'김기숙' 그녀는 고객만족의 슈퍼스타이다. 그녀는 전 국민을 행복하게 만든 진정한 이 시대의 우상 같은 존재이다.

고객을 칭찬하고 격려하라

에모토 마사루의 《물은 답을 알고 있다》라는 책은 물의 신비한 모습을 사진으로 담고 있다. 물이 사람의 말과 글과 생각에 각기 다른 반응을 보인다는 것이다. 사랑과 감사의 말을 들은 물은 아름다운 결정을 만들었고, 미워한다는 말을 들은 물의 결정은 깨어지고 말았다. 오염된 물이 기도에 의해 맑게 정화된 모습을 보이기도 했고, 듣는 음악에 따라 매번 다른 모습의 결정을 보이기도 하였다.

70% 이상이 물로 이루어진 인체를 가진 우리는 3/2가 물로 이루어진 지구에 산다. 단 하루도 물이 없이는 살 수가 없는 존재인 것이다. 물이 주는 메시지는 우리의 삶을 돌이켜보는 중요한 계기가 된다는 점에서 《물은 답을 알고 있다》는 책의 제목은 참으로 의미심장하다.

이 책을 읽은 한 가정에서 실험을 하기로 했다고 한다. 양파를 두 개

사서 물이 들어 있는 유리컵에 양파를 올려 두었다. 그리고 한쪽 컵에는 "사랑 양파"라고 쓰고 다른 한쪽 컵에는 "미움 양파"라는 글을 써 붙이고, 온 가족이 사랑 양파에게는 사랑을, 미움 양파에게는 미움을 주기 시작했다. 아침마다 사랑 양파에게는 쓰다듬어 주고 뽀뽀해주고 칭찬의 말을 거듭했고, 미움 양파에게는 반대로 미워하고 저주를 퍼붓곤 했다. 보름이 지나자 양파는 자라기 시작했는데 사랑 양파는 싹이 돋은 반면 미움 양파는 싹이 돋지를 않았다. 다시 보름을 더 실험을 하자 사랑 양파는 쑥쑥 잘 자라는 데 비해 미움 양파는 싹을 돋우기는 했지만 사랑 양파의 절반도 자라지 못하였다.

그 무렵 가족은 해외로 여행을 떠나게 되었다. 양파가 담긴 컵의 물을 다시 갈아 주고 사랑 양파에게는 사랑을, 미움 양파에게는 미움을 주고 보름간 여행을 다녀왔다. 그동안 양파는 어떻게 변해 있을까?

놀랍게도 두 양파는 거의 동일한 크기로 자라나 있었다. 미움을 받은 양파는 쑥 자라난 반면, 사랑을 받던 양파는 조금밖에 자라지 않았다.

위의 이야기는 강의에서 칭찬과 격려의 중요성에 대해 설명할 때 자주 쓰는 예화이다. 강의 중 교육생들에게 "당신은 사랑 양파였나요? 아님 미움 양파였나요?"라고 질문을 하면 대부분 선뜻 사랑 양파 쪽에 손을 들지 못한다. 무엇이 자신 있게 손을 들지 못하게 하는 것일까? 자라면서 겪었던 냉대, 소외감, 무시, 거부 등의 상처가 아직 가슴에 남아 있기 때문이다.

대답을 못하는 교육생들에게 다시 한마디 한다. "그렇다면 당신의 자녀, 아내, 동료를 사랑 양파로 만드시겠습니까? 아니면 미움 양파로 만드시겠습니까?"

칭찬과 격려는 주변의 모든 사람들을 사랑 양파로 만든다. 고객 또한 칭찬과 격려에 목마른 존재이며, 작은 칭찬과 격려에도 쉽게 감동하는 존재라는 것을 잊지 말자.

고객만족 서비스의 3S

Smile … 웃어라, 미소 지어라.
Speed … 신속하게 처리하라. 빨리 응대하라.
Sincerity … 성실하게 대하라. 열성을 다하라.

고객에게 자신의 영혼을 내어 주라

'한원태'라는 남자가 있다. 키가 크고 멋진 용모를 가진 그는 한 유명 남성복 브랜드의 모델이 될 수 있었으나 그의 표정이 너무 어둡고 살이 쪘다는 이유로 모델로 성공하지 못했다. 그는 하는 수 없이 안양시 석수동의 신용금고의 용역직 청원경찰로 취직을 했다.

그는 보안업무만 하면 그만이었지만 은행을 찾아오는 고객 모두를 내 가족, 내 부모와 같이 섬기기 시작했다. 그는 날마다 천 번의 인사 연습과 천 번의 미소 연습을 하며 타인을 대하는 마음가짐과 태도를 갖추었다.

그런 마음가짐과 태도는 은행 안과 밖이 다르지 않았다. 은행에 오는 고객뿐 아니라 자신의 은행을 찾지 않는 사람도 모두 고객으로 모셨다. 그는 퇴근 시간이 따로 없었다. 점심시간이나 퇴근 후에도 근처

시장을 다니며 장사하는 할머니, 아저씨들께 잔돈도 바꾸어 드리고 입금도 대신 하는 심부름을 해 드렸다.

그의 고객응대는 부자에게나 가난한 자에게나 다름이 없었다. 오히려 가난한 이들에게 더욱 많이 베풀었다. 은행에 손님이 들어오면 반드시 문을 열어 드리고 반갑게 인사를 했고, 글을 모르는 분들을 위해 대신 서류를 작성하기도 했다. 이 모든 것은 마케팅과 영업 기교나 기법으로 이루어지는 것이 아니라 '사람에 대한 마음'이 이루어낸 행위였다.

점차 사람들은 이 청원경찰을 찾게 되었다. 이 사람에게 그날 하루 번 돈을 전부 주며 대신 알아서 맡겨 달라는 고객이 하나 둘 생겨났다. 은행에 와도 다른 창구 직원을 찾지 않고 이 청원경찰에게 모든 은행 업무를 맡기는 고객이 점점 늘어 창구에는 줄이 없어도 청원경찰의 책상 앞에는 줄이 늘어서 있는 현상이 발생했다. 그는 고객이 믿고 맡기는 예금에 대한 책임에 은행 업무 전반에 관한 공부를 게을리할 수가 없었다.

그는 그 지역에서 유명한 인사가 되었다. 사람들은 모두 그를 "지점장님"이라 부르기 시작했다. 진짜 지점장이 새로 부임을 해 인사를 나가면 고객들은 우리 지점장은 따로 있다고 주장할 정도였다.

그는 그 지점 전체 예탁 수신고 500억 가운데 300억을 수신하는 놀라운 실적을 올리게 되었다. 아마 세계 어느 은행의 역사에도 청원경찰이 전체 수신의 50% 이상을 달성한 예는 없을 것이다.

고객들은 그에게 예금하고 싶어했고, 그가 추천하는 곳에 투자하고 그가 직접 관리해 주길 바랐다. 그러나 그는 그곳에서 8년을 근무했지만 여전히 월급 70만 원을 받는 청원경찰의 신분이기 때문에 한계가 있자 이젠 고객들이 나서서 은행에 그의 정식 채용을 요구하기에 이르렀다. 그의 고객 300명이 은행에 정식 탄원서를 제출하면서 그를 은행원의 신분으로 만들어 냈다. 그를 은행 정사원으로 만들기 위해 지점장이 새벽 4시부터 은행장을 찾아가 무릎을 꿇고 설득을 한 일화는 유명하다. 은행으로서는 그가 유치한 300억 이상의 예금을 놓치고 싶지 않았기에 그를 정식 은행원으로 발령을 낼 수밖에 없었다.

고객의 은혜를 입은 그는 더욱 고객을 섬겼다. 그의 낡은 대학노트에는 그가 관리하는 1,300명의 고객에 대한 정보가 빼곡히 들어 있다. 사소한 모든 것을 기록하며 고객이 어려울 때나 기쁠 때 늘 고객과 함께 했다.

그의 고객 중 한 명은 유언을 "내가 죽으면 한원태를 찾아 가라. 그리고 그가 처리해 주는 대로 하면 된다."로 남겼다고 한다. 그 고객은 자신의 자산이 얼마인지 얼마를 예금했는지도 알아보지 않을 정도로 그를 신뢰했던 것이다. IMF가 터졌을 때도 고객들은 그를 믿고 조금의 동요도 없이 예금인출을 하지 않아 오히려 큰 금리의 혜택을 보게 되었다.

이런 그의 능력을 눈여겨 본 주변 은행에서 거액의 스카우트 제의가 물밀 듯 들어 왔지만 자신을 믿고 맡겨준 고객의 자산과 고객과의 약속을 지키기 위해 그 제의를 거절하고 그 지역의 새마을금고 지점장으로 자리를 옮겼다. 그만 믿고 예금했던 300억 원은 고스란히 새마을금고로 들어 온 것은 당연하다.

은행 정식 직원으로 입사한다 해도 모두가 다 은행 지점장이 되는 것은 아니다. 하물며 청원경찰이 지점장이 된다는 것은 거의 불가능한 일이다. 이런 상승의 비밀은 어디에서 나온 것일까?

그는 자신에게 주어진 일의 한계를 짓지 않았다. 마음을 다한 사람에 대한 헌신이 사람들의 마음에 감동으로 자리를 잡았고 고객들은 그에게 무한한 신뢰와 사랑을 보여 주었다.

고객을 만족하게 한다는 것은 고객에게 자신의 영혼을 내어 드리는 것과 같다.

친절 하십시오

오늘 친절한 말을 하면 내일 그 열매를 맺습니다.

친절한 태도는 친절한 마음에서 우러나오고, 훌륭한 태도는 사심 없는 친절의 소산입니다. 상냥하게 말한다고 해서 혀를 다치지는 않습니다.

진정한 고결함은 상냥한 마음에서 나오며, 편견이란 잘 알고 있지 못한 것을 공격하는 것에서 나옵니다.

그 어느 것도 친절만큼 힘세지 못하고, 그 어느 것도 진정한 힘만큼 친절하지 못합니다. 친절 하십시오. 왜냐하면 당신이 만나는 모든 사람은 힘겨운 싸움을 하고 있는 중이니까요.

고객에게 행복을 팔아라

　일본의 유명한 초밥 전문집의 초밥 요리사 하모리 타카하시는 요령을 부릴 줄 모르는 사람이다. 초밥을 팔아 부자가 되면 벌 받는다고 생각하여 초밥을 팔아 돈이 많이 남는 날은 심각하게 고민을 한다. '내가 무엇인가 잘못 하고 있구나. 내일부터 재료를 더 듬뿍 써야겠구나.' 라고 생각한다.

　그는 초밥은 신선도가 생명이므로 그날 그날 신선한 생선을 구입해 그날 소비하지 못하면 전부 폐기 처분하는 것을 원칙으로 삼았다. 처음 초밥 집을 열었을 때는 손님이 없었다. 그러나 혹시 올지 모르는 고객을 위해 매일 여러 종류의 새로운 생선을 사고 저녁이면 생선을 전부 버리는 일을 하루도 빠짐없이 했다. 초밥 집 직원들은 울면서 생선을 버렸다.

시간이 지나 많은 고객이 생기게 되었는데, 그 가운데 수년간 꾸준히 가게를 들러 준 가족 고객이 있었다. 그 고객의 아버지는 공무원이었는데 퇴직한 이후 건강이 좋지 않다는 이야기를 들었다.

어느 날 그 아들이 전화해 초밥을 포장해 달라고 했다. 그러나 원칙주의자 하모리 타카하시는 절대 포장으로 초밥을 판매하지 않는 것을 원칙으로 하고 있었다. 손님 앞에서 갓 쥐어 놓는 초밥이 가장 좋은 상태이기 때문에 그런 초밥이 아닌 것을 판매하는 것은 도저히 용납할 수 없는 일이었다. 아무래도 포장을 하게 된다면 생선의 신선도가 떨어질 뿐만 아니라 고추냉이가 밥에 배어 밥알이 지저분해지기 때문이었다.

그런데 부탁하는 목소리가 너무나 절박했다. 아버지가 사경을 헤매는 중에도 하모리가 쥔 초밥을 먹고 싶다고 했다는 것이다. 그는 두말하지 않고 모둠 초밥을 준비해 병원으로 갔다. 밥은 밥통에 싸고 생선도, 고추냉이도 따로 준비해 직접 병원으로 갔다. 그는 고객의 아버지 앞에서 초밥을 직접 만들어 드렸다. 가게에서 제공하는 것과 동일한 신선도와 방법으로 손님을 대하는 하모리를 보고 아버지와 그 가족은 감동했다. 그 이후 그 가족은 감사의 표시로 꽃과 과일을 보내 주었고, 지금까지 변함없는 하모리의 열광하는 팬이 되었다. 그는 이후 일본 유명 초밥 대회에서 상을 받게 되고 그의 초밥 집은 TV와 잡지에 소개될 정도로 유명해졌다.

그는 초밥을 이렇게 말한다.

"초밥은 배를 채우는 음식이 아니다. 초밥은 그것을 만드는 사람을 보면서 먹는 음식이다. 따라서 초밥은 만드는 사람의 정성을 먹는 것이다. 그것을 먹고 나서 사람들이 행복해한다."

그는 초밥을 파는 것이 아니라 행복을 파는 사람이었다.

고품위 서비스를 위한 20가지 지혜

1. 친절은 몸 전체에서 나타납니다.
2. 친절은 성공의 지름길입니다.
3. 불친절은 자신에게 피해를 줍니다.
4. 첫인상이 중요합니다.
5. 밝고 명랑한 표정은 모두가 좋아합니다.
6. 웃는 얼굴을 연습합니다.
7. 모든 것을 상대의 입장에서 생각합니다.
8. 고객을 친척이나 친구처럼 대합니다.
9. 작은 친절이 큰 친절이 됩니다.
10. 고객의 요구사항을 신속하게 처리합니다.
11. 좋은 제품이란 좋은 서비스가 있기 때문입니다.
12. 고객의 마음을 편안하게 하는 것이 친절입니다.
13. 서비스직에 오래 된 프로일수록 겸손합니다.
14. 친절은 센스 있는 감각과 다정한 인간미에서 나옵니다.
15. 때론 모른 척 해야 더 친절한 경우도 있습니다.
16. 친절 서비스의 기초는 상대를 적당한 시선으로 바라보는 데 있습니다.
17. 친절은 상대가 미처 기대하지 못한 순간에 이루어져야 감동이 됩니다.
18. 모든 일을 긍정적으로 생각합니다.
19. 친절은 상대의 마음을 미리 헤아리는 것입니다.
20. 친절은 부지런히 열심히 사는 자세에서 나옵니다.

프로들의 삶은 빛이 난다

　가정일과 사회 일을 함께 해야 하는 나는 가사 도우미로부터 도움을 받고 있다. 요즘은 '가사 도우미'가 아닌 '가정 관리사'라는 이름으로 불리기도 하지만 우리 집에서는 그분을 '집사님'이라 부른다. 처음 서로를 잘 모를 때는 '아주머니'로 불렀지만 이야기를 나누다 보니 그녀는 동네에서는 반장님이었고, 교회에서는 집사님이었다.

　다음날부터 '집사님'이라 불러 드렸더니 아주 기뻐하였다. 집에서 아이들이 부를 때에도 아줌마보다는 집사님이 훨씬 존중감이 드는 호칭이다.

　흔히 직함이 없는 직업에 종사하는 사람을 부를 때 난감할 때가 많이 있다. 그냥 아주머니, 아저씨라고 부를 때가 있지만 자주 대하는 사람일 경우 더 존중해 줄 호칭이 필요하다. 자신의 호칭에서 자존감이 생기기도 하고 상처를 입기도 하기 때문이다.

  그녀가 집안일을 하는 모습은 참 아름답다. 매일 반복되는 가사를 그녀는 즐겁게 대한다. 햇빛이 환이 드는 창가에서 다림질을 할 때 행복을 느낀다고 말하는 그녀는 진심으로 우리 집 일을 자신의 집 일로 생각하는 듯하다. 정원의 꽃나무도, 대문밖에 떨어진 낙엽도 그녀의 손길이 가면 다 아름다워진다. 언제나 정해진 출근시간보다 20분 일찍 도착하는 집사님은 퇴근은 서두르지 않는다. 언젠가 우리가 외국으로 출장을 간 사이 이불빨래를 걷지 않고 널어 둔 채 그냥 두고 온 사실을 알고 한 시간 넘게 걸리는 먼 집에서 빨래를 걷으러 온 일로 그녀의 책임감이 얼마나 큰지 알 수 있는 계기가 되었다. 남편이 신는 실내화는 다른 사람은 신지 못하게 분리해 둔다. 집안에 누가 감기에라도 걸리면 수저와 그릇을 삶아 소독을 하고, 때때로 자신이 부족하지는 않는지, 더 개선해야 할 점이 있으면 이야기해 달라고 부탁도 한다. 그렇게 한 주를 보낸 후엔 교회에 가서 한 주 동안 내가 남들에게 상처 준 말이나 마음을 가지지 않았는지 반성하는 시간을 가진다는 그녀는 우리 집의 보물이 된 지 오래다.

  이렇게 성실하고 정성을 다해 집안을 돌봐주는 그녀가 오히려 우리에게 감사를 표한 적이 있었다. 좋은 가정의 좋은 분을 만나기를 소망하며 기도했었는데 그것이 이루어져 너무 기쁘다는 이야기였다. 그녀를 통해 자신의 마음가짐이 세상을 보는 창이 된다는 사실을 다시 한 번 느낄 수 있었다. 그녀의 눈을 통해 보는 세상은 늘 밝고 긍정적인 것이다. 매일 해야 하는 가사일도 감사하는 마음으로 받아들이니 즐겁게 할 수 있고, 인연을 맺은 집도 내 집으로 여기니 해야 할 일들이 눈에 띄는 것이다. 자신의 그런 태도는 주변 사람들의 신망과 사랑을 얻게 된다.

그녀가 사는 동네에서는 그녀를 반장으로 추대하고 따른다. 그녀가 집사로 사역하는 교회에서 그녀의 존재는 실로 크다. 시댁에서는 그녀를 보물단지로 여기고 있다. 매일 일을 하는 그녀를 위해 남편은 스스로 청소기를 돌리고 아들은 자기가 사용한 그릇을 반드시 설거지를 해놓는다는 이야기는 당연한 결과라고 생각된다.

고객만족은 먼 곳에 있는 것이 아니다. 지금 내가 하는 일을 기쁘게 받아들이는 것이며 지금 내가 만나는 사람의 이야기를 열심히 들어 주는 일이다. 그녀는 그것을 알고 있었다. 어찌 보면 지극히 평범해서 하찮게 여겨질 수도 있는 자신의 일상을 아주 특별한 날들로 채워갈 수 있는 능력은 축복처럼 보인다.

우리도 그녀처럼 한 번 용기 내어 시도해 볼 일이다. 어차피 내가 해야 할 일을 눈앞에 두고 있다면 정성을 다해 성의껏 행복한 마음으로 그 일을 섬겨 보자. 그렇게 해서 우리가 얻는 것은 일에서의 높은 성과뿐만 아니라 삶까지 특별하고 풍요롭게 만들어 인생의 진정한 성공으로 나아갈 수 있다는 것을 깨닫는 것이다.

환자로 대할 것인가, 고객으로 모실 것인가?

　3, 4년 전부터 병원에서의 교육의뢰가 많아졌다. 큰 대학병원에서부터 작은 개원병원에 이르기까지 친절교육, 고객서비스 교육에 대한 관심이 커졌으며 그에 따른 투자도 아끼지 않게 되었다. 서비스 전문가인 나 자신조차도 놀랄 정도로 의료 서비스의 고객만족에 대한 노력은 눈부셨다.

　병원의 환경은 바뀌었다. 의료시장의 개방으로 선진 시스템의 병원이 들어오게 되고, 병원의 영리법인화로 생존에 위협을 느끼게 되었다. 이젠 아픈 것이 죄인인 시대가 아니라 병원에 가면 공주대접을 받는 시대가 된 것이다.

　병원은 이제 병을 고칠 뿐만 아니라 병으로 상처 입은 마음까지 치유를 해야 한다. 이제 병원을 찾는 사람은 환자가 아니라 고객이 되어야 하는 이유는 아프기 때문에 병원을 찾는 사람들보다 더 행복해지기 위해 병원을 찾는 사람들이 많아지기 때문이다. 앞서가는 병원들은 고객 설문조사를 통해 병원의 불만사항을 알아내고 새로운 고객 서비스의 방법을 연구하기에 여념이 없다. 그러나 아직 그런 개념이 없는 병원이나 의사도 많은 것이 현 실정이다.

작년 어느 의학 분야 학회에서 특강요청을 받았다. 같은 분야를 연구하는 의사들의 학회에는 전국의 의사선생님들이 모여 새로운 치료 방법에 대한 발표도 있었고 각종 신기법의 의료기기도 전시되는 큰 행사였다. 나는 그분들 앞에서 병원도 변해야 한다는 점, 고객만족 경영만이 미래에 오게 될 서비스 산업의 개방에 대응할 수 있는 경쟁력이 된다는 점을 강의하였다. 그러나 몇몇 의사 선생님은 고객이라는 호칭에 불만을 제기했다.

"병원에 무슨 고객입니까? 병원에서는 고객이라는 말 삼가 주세요. 우리 의사가 장사치가 되어야 한다는 말입니까? 우리가 가게 운영하려고 수십 년 공부했습니까?"

"병원에는 의사와 환자가 있어요. 그리고 환자를 치료하는 곳이 병원이에요. 대체 나라가 어찌 되려고 이 모양인지 원!"

그러자 옆자리에 있던 다른 의사선생님이 급히 제지를 하며 한마디 하였다.

"선생님, 요즘 그런 소리하면 욕먹습니다. 그만 하시죠."

나는 그런 경험이 여러 번 있었다. 바로 그런 분들에게 새로운 변화에의 동기를 주는 것이 나의 일이기에 큰 동요 없이 차근차근 설명을 했다.

"이제 병원은 치료 개념에서 예방 개념으로 바뀌어 가고 있습니다. 따라서 치료를 받으러 오는 환자의 수보다 오히려 미래의 건강에 대한 희망을 얻으러 오는 희망지향형 고객, 지금보다 더 멋지고 아름다워지려는 행복추구형 고객이 점점 늘어가고 있습니다. 오늘 모이신 여러분의 병원에 오시는 분들이 환자인지 고객인지 살펴보시고 환자면 환자답게 응대를 하고, 고객이면 고객에 맞게 응대하는 노력이 필요합니다. 이 현상에 대한 병원의 대처 방안을 연구하고 개발하고 전 직원이 병원을 찾는 고객의 요구와 기대를 찾고 거기에 부응하지 않으면 고객은 곧 다른 병원으로 옮겨가고 말 것입니다.

이제 글로벌 시대입니다. 앞서가는 병원은 해외로 병원의 서비스를 수출하고 있습니다. 중국, 베트남 등에서는 우리의 치료기법뿐만 아니라 병원의 경영 기법도 배우려 합니다. 개방의 물결을 타고 우리의 병원도 곧 세계와 경쟁해야 합니다. 이제 세계의 고객을 우리나라에 끌어들이는 노력도 우리 병원의 몫입니다."

그렇다. 가끔 병원 교육을 가면 원장 선생님의 고객에 대한 마인드가 없는 경우를 많이 보게 된다. 어느 원장님은 내게 이런 말도 하셨다.

"우리 병원에 오는 대부분의 환자는 의료보험 수가 만 원짜리이지요. 대체 돈 만 원 내고 의사 진료보는 나라가 또 어디 있습니까? 그리고 만 원 냈으면 만 원어치의 서비스를 받으면 되지, 만 원 내고 십만 원어치의 서비스를 해내라고 요구하니 미칠 지경이지요. 그래서 저는 직원들보고 친절하게 대하지 말라고 합니다. 억지 부리고 어이없게 굴면 다시 오지 말라고도 하지요. 환자도 교육이 필요해요."

가슴이 아팠다. 그분이 경영하는 병원을 이용하는 고객들이 안쓰러웠다. 그 작은 도시에서는 제일 큰 병원으로 그 병원을 이용하지 않을 수 없었기에 더욱 마음이 아팠다. 원장님부터 고객만족 경영에 관한 교육을 받게 해 드리고 싶었다.

병원에는 환자가 왕이어야 한다. 고객이 존재하지 않으면 병원은 없다.

고객맞이 10훈

1. 웃는 얼굴로 대한다.
2. 본래의 목소리야 어떻든 상냥하게 말한다.
3. 상대방이 서먹서먹한 기분이 들지 않게 한다.
4. 잘 모르는 내방객, 낯선 고객일수록 더 잘해 드린다.
5. 고객의 입장에서 판단하고 처신한다.
6. 사람 대하기를 회피하지 않는다.
7. 자상하게 설명해 드린다.
8. 기왕 해 드릴 바에는 화끈하게 해 드린다.
9. 고객의 마음을 편안하게 해 드린다.
10. 끝까지 참는다.

가족은 가장 소중한 고객

어느 날 아침 출근 전의 일이다.

바쁘게 남편과 출근 준비를 하고 있는데 모 기업의 교육담당자가 전화를 했다. 나는 평소처럼 "안녕하세요. 정영주입니다." 하며 전화를 받았다. 잠시 강의에 관한 대화를 마치고 나니 옆에 서 있던 남편이 꽤 진지한 모습으로 나에게 부탁이 하나 있다고 했다.

남편의 말인즉, 앞으로 자신과 대화할 때에도 지금 그 기업 교육담당자에게 대하듯 해 달라는 것이었다.

난 순간 약간 충격을 받았다. 난 누구보다 친절하고 예의 바르게 사람들을 대하고 있고, 그것의 중요성을 십여 년간 강의하고 있는 전문가가 아닌가.

난 놀라서 물었다. "제가 당신에게는 다르게 대하는가요?"

그는 조금의 망설임도 없이 대답했다. "그럼! 다르지 다르고 말고. 아까 그 사람에게는 얼마나 명랑한 목소리로 사근사근하게 대화를 했다구! 나에게도 그렇게 해 줘."

나는 도저히 인정할 수 없었지만 남편이 그렇다니 수긍할 수밖에 없었다.

주변 많은 사람들을 둘러보면 종종 가장 부드럽게 잘 대해줘야 할 대상에게 제일 무뚝뚝하게 대하는 사람들이 많다. 친구에게는 한없이 다정하게 대하지만 아내에게는 무뚝뚝한 남편, 남들에게는 부당한 일에도 화 한 번 내지 못하는 사람이 어머니에게는 짜증을 자주 내는 사람들을 본다.

친구들과 즐겁게 담소하다가도 남편과 통화할 때면 공연히 짜증내듯이 전화를 받는 친구가 생각난다. 왜 그러냐는 나의 물음에 친구는 "그냥~"이라며 웃었다. 어리광의 표현일 수도 있고, 남편의 사랑에 대한 자부심의 표현일 수도 있겠지만 개선되어야 할 표현 방법이 아닐까 싶다.

내가 왜 그랬을까 곰곰이 생각해 보니 아마도 남편의 목소리가 무뚝뚝했기 때문에 나도 따라서 그렇게 되지 않았을까 싶다. 공적인 자리에서 받는 전화의 목소리는 사뭇 냉정하게 들렸기 때문에 나도 모르게 사무적인 톤으로 전화를 받았던 것이다.

그렇다고 당신이 그렇게 하기 때문에 나도 그렇게 했다고 해본들 무슨 득이 있을까.

그렇다. 내가 가장 다정하고 친절하게 대해야 할 사람은 다른 누구도 아닌 가족이라는 점을 다시 깨닫게 해준 아침의 사건이었다. 내가 어떤 자리에 있든, 어떤 상황이든, 상대가 어떻게 전화를 받든 간에 최고의 고객으로 대해야 한다. 가족은 내게 가장 소중한 내부 고객이라는 사실을 잊지 말자.

> **Tip**
>
> **고객을 행복하게 만드는 7가지 방법**
>
> **첫째, 부드러운 미소(Happy look)**
> 웃는 얼굴을 간직하세요. 미소는 모두를 고무시키는 힘이 있습니다.
>
> **둘째, 칭찬하는 대화(Happy talk)**
> 매일 두 번 이상 칭찬해 보세요. 덕담은 좋은 관계를 만드는 밧줄이 됩니다.
>
> **셋째, 명랑한 언어(Happy call)**
> 명랑한 언어를 습관화해 보세요. 명랑한 언어는 상대를 기쁘게 해줍니다.
>
> **넷째, 성실한 직무(Happy work)**
> 열심히 최선을 다하세요. 성실한 직무는 당신을 믿을 수 있게 합니다.
>
> **다섯째, 즐거운 노래(Happy song)**
> 조용히 흥겹게 마음으로 노래해 보세요. 마음의 노래는 사랑을 깨닫게 합니다.
>
> **여섯째, 아이디어 기록(Happy note)**
> 떠오르는 생각을 그때 그때 기록해 보세요. 당신을 풍요로운 사람으로 만들 것입니다.
>
> **일곱째, 감사하는 마음(Happy mind)**
> 불평 대신 감사를 말해 보세요. 비로소 당신은 행복한 사람임을 알 것입니다.

펀펀(fun-fun) 서비스

"칠업 한 잔 주세요"

사우디아라비아에서 서울로 가는 비행 중에 있었던 일이다.

한 한국 승객이 큰 소리로 부르더니 "승무원 아가씨, 목마른데 칠업 한 잔만 주세요."하는 것이었다. 칠업이 무엇일까 생각해보니 'Seven up'이란 소프트 드링크를 말하는 것이었다.

순간 웃음이 나오려 했지만 "네, 곧 가져다 드리겠습니다."라고 말씀 드리고 세븐업을 가져다 드렸다.

우리 팀은 그 비행 내내 세븐업을 '칠업'으로 불렀고 그 승객을 뵐 때마다 슬그머니 미소가 흘렀다.

고객의 사소한 실수를 살짝 감싸주는 것은 고객만족의 센스가 아닐까?

고객의 호칭을 바꾸면 마인드가 바뀐다
고객을 시키지 말고 고객을 권하라
인사법을 다양하게 활용하라
신체의 위치로 친절 고객응대를 극대화시켜라
고객거부의 말은 최후에 해도 늦지 않다
멋진 전화 해설은 고객만족의 키포인트
고객을 가족처럼 섬겨라
고객응대에는 센스가 필요하다
고객만족 테크닉도 연습에서 나온다
고객만족은 눈맞춤에서 시작된다
고객의 이름을 기억하라
고객은 항상 옳다?
고객의 기대치를 넘어서라

Part 02
고객 서비스에도 테크닉이 필요하다

겉 다르고 속 다른 서비스는 가라!
준비된 고객이 제대로 된 서비스를 받는다
마음을 주는 서비스가 진짜다
감성 서비스로 업그레이드 하라
고객만족은 외부고객만을 위한 것은 아니다
친절 고객응대는 복수(卜數)로 행하라
I meSSage 테크닉
때로는 눈 뜬 장님이 되라
고객의 '프라이버시'를 보호하라
고객을 위한 필수 이미지 지수 Check
미소 담긴 얼굴로 무장하라
호감 주는 대화로 고객을 설득하라
열광하는 충성고객으로 만들어라

고객의 호칭을 바꾸면 마인드가 바뀐다

최근 114 안내 서비스에서는 밝은 톤으로 고객을 위한 첫 응대를 "고객님 사랑합니다!"로 바꾸어 좋은 반응을 얻고 있다. 내가 교육을 했던 모 IT 기업은 월드컵 기간 동안 전화 첫 응대를 몇 번이나 바꾸었다.

"안녕하십니까? 월드컵 16강을 기원하는 ○○기업입니다."
"안녕하십니까? 월드컵 8강을 기원하는 ○○기업입니다."
"안녕하십니까? 월드컵 4강을 기원하는 ○○기업입니다."

고객들은 전화를 걸 때마다 미소지으며 함께 응원하였고, IT 기업다운 순발력 있는 이미지를 줄 수 있었다.

고객만족을 생각하는 병원에서는 전화 첫 응대에 더욱 신경을 쓰고 있다.

"감사합니다. 가족처럼 모시는 ○○병원입니다."

"감사합니다. 소중히 모시겠습니다. ○○병원입니다."

"정성을 다하는 ○○병원입니다."

왜 이렇게 기업, 관공서, 병원, 학교에서 전화 첫 응대에 신경을 쓰는 것일까? 그것은 바로 첫 응대 멘트를 말하는 순간 서비스 마인드가 고취되기 때문이다. "사랑합니다. 고객님"이라고 외치고 나면 고객을 사랑하는 마음이 생기는 원리이다. 따라서 고객을 대하는 곳에서는 반드시 호칭을 개발하고 첫 응대에 신경을 써야 한다.

인사말도 계절과 상황에 맞게 바꾸어 불러준다면 고객도 기쁘고 직원의 마인드도 달라진다는 점을 잊지 말아야 한다.

고객만족 달인이 해서는 안 될 10가지 말

1. 안 됩니다.
2. 제 소관이 아닙니다.
3. 없습니다.
4. 글쎄요.
5. 잘 모르겠습니다.
6. 지금은 바쁩니다.
7. 다른 곳에 알아보세요.
8. 다음에 한번 오세요.
9. 힘들어 죽겠네.
10. 아유, 지겨워. 신경질 나.

고객을 시키지 말고 고객을 권하라

"우리의 존재는 귀하다. 나는 자유의지를 가진 인간으로 스스로 생각하고 결정하고 행동한다."

위의 글에 동의한다면 상대의 존재도 귀하고 그도 자유의지를 가지고 스스로 생각하고 결정해 행동하길 바란다는 것을 알 것이다.

참 오랜 시간 동안 화법교육을 하면서 명령하는 말을 지양하고 권유하는 말을 하자는 말씀을 드렸다. 그러나 아직도 우리 사회 곳곳에서 명령과 지시 하는 말을 자주 듣게 된다.

"앉아서 기다리세요."
"좀 비켜 주세요."
"이쪽으로 오세요."

"2번 창구로 가세요."

이런 말들을 명령형 말이라고 한다. 이런 말을 권유형으로 바꿔서 사용하는 연습이 필요하다.

"잠시 앉아 기다려 주시면 호명해 드리겠습니다."
"실례합니다. 지나가겠습니다."
"고객님, 안내해 드리겠습니다."
"2번 창구로 가시면 인지를 구입할 수 있습니다."

명령과 권유의 차이는 확연하다. 상대를 지시하는 것과 내가 제시하는 것의 차이이다. 서비스 조직의 품위와 수준은 근무하는 직원의 대화 표현 방법에 크게 좌우된다. 지금 우리가 사용하고 있는 표현들이 '지시 명령형'인지 '제시 권유형'인지 반드시 살펴보아야 한다. 제공되는 서비스가 획일적, 반복적이라면 서비스인 모두가 공통되게 사용하는 서비스 표현을 매뉴얼화하여 동일 수준의 서비스를 지속적으로 제공할 수 있어야겠다.

인사법을 다양하게 활용하라

　서점 부문 고객만족 1위를 차지한 K문고에서의 일이다. 책을 골라 들고 계산대 앞에 가니 몇 명이 줄을 서서 기다리고 있었다. 나는 차례를 기다리며 골라 든 책을 보고 있는데, 어디선가 "안녕하십니까?"라는 밝은 인사말이 들려왔다. 고개를 들어보니 어느새 내 차례가 되어 있었고 계산대 직원이 부르는 소리였다. 나는 기분이 매우 좋아 "안녕하세요? 계산 부탁합니다."라고 대답했다.

　그런 경우 일반적으로 "고객님, 이쪽으로 오세요. 계산해 드릴게요."라는 말을 듣게 되는데, 그 점원은 "고객님, 안녕하십니까?"라는 밝은 인사로 대신해, 빨리 오라고 강요하는 느낌보다는 첫 대면의 신선함을 느낄 수 있게 했다. 이 또한 친절의 또 다른 요령이라 할 것이다.

　설명이 필요한 물건을 고르는 고객에게 자연스럽게 접근할 때 "고객님, 반갑습니다", 계산 차례가 되었는데 잠시 한눈을 파는 고객을 부를 때 "고객님, 안녕하십니까?", 자주 오는 단골고객을 기억할 때 "어머, 그동안 안녕하셨습니까?" 등 인사를 보다 다양하게 활용하는 것도 고객 자신이 고객님으로 대접받는 것처럼 느껴지도록 하는 요령이다.

그리고 전문용어를 지양하고 고객이 사용하는 용어를 그대로 사용해야 한다. 고객의 계층은 다양하다. 고객 가운데는 우리가 늘 사용하는 용어가 아닌 단어를 사용할 경우도 있는데 그런 경우 고객이 사용하는 용어를 우리가 사용해 고객의 자존심을 상하지 않게 해야 한다.

"계산대가 어느 쪽인가요?"라고 묻는 고객에게 "네, 카운터요?"라고 대답하거나, "저 짐 싣는 수레 어디 있죠?"라고 고객이 말했을 때 "아, 카트 말씀이십니까?"라고 대답하는 경우, "소고기는 어디에서 살 수 있나요?"라는 질문에 "식육 코너는 지하 1층입니다."라고 대답하는 경우 전부 고객에 대한 실례이다.

고객이 혹 자주 쓰지 않는 용어나 틀린 용어를 사용할 경우 고쳐 주거나, 말꼬리를 잡거나, 비웃는 태도는 고객을 부끄럽게 만든다. 고객이 사용하는 용어를 우리도 사용해 고객이 알기 쉽게 하는 것, 고객을 사랑하는 고객응대인의 배려이다.

고객은 우리가 고객응대를 할 때 단순히 친절하게만 한다고 해서 이제 더 이상 감동받지 않는다. 이렇게 상황에 따라 고객의 실수를 알고도 모른 척 하고 감싸주는 것, 고객의 체면과 프라이버시를 세워 주는 것, 고객에게 지시하지 않고 인사로 고객을 부르는 것, 고객이 사용하는 용어를 함께 사용하는 것 등 친절에도 분명히 요령이 있다.

늘 고객의 입장에서 먼저 생각하고 재치 있게 행동하는 것. 이것만 기억한다면 당신도 현명한 고객응대를 할 수 있다. 또한 이런 고객응대의 요령이 몸에 밴다면 고객은 우리의 공간을 그저 물건을 사러 오는 곳으로만 생각하는 게 아니라 늘 가족과 같은 사랑, 세심한 배려가 느껴지는 친근감 있는 공간으로 인식하게 될 것이다.

고객응대 5S

Stand … 고객을 보면 일어서라.
See … 선한 눈으로 상대방을 보라.
Smile … 웃어라, 미소 지어라.
Speed … 신속하게 응대해라.
Satisfaction … 고객을 만족시켜라.

신체의 위치로 친절 고객응대를 극대화시켜라

 우리의 느낌이나 감정은 너무나 섬세하여 어제의 나와 오늘의 내가 다르듯이 어제의 느낌과 오늘의 느낌이 달라진다. 고객이 느끼는 친절에 대한 느낌은 신체의 위치에 따라 많이 좌우된다.

 프로 고객응대 맨은 고객과의 신체 위치에 많은 신경을 쓰고 있다. 예를 들어 몸과 얼굴이 함께 고객을 향할 때는 정중함과 친절함을 느끼게 되고 반대로 뒷모습은 거부의 느낌을 전달한다.

 S기업의 회장은 S호텔의 매니저에게 "고객에게 엉덩이를 보이지 마라."는 지시를 했다고 한다. 대부분 뒷모습을 보이게 될 경우는 "글쎄요, 한 번 알아보겠습니다."라는 거부를 할 경우 보이게 된다. 따라서 서비스 인은 고객 앞에서 뒷모습을 보이지 않는다.

 몸과 얼굴이 고객을 향하고 있다는 것은 고객의 욕구를 수용하겠다는 의미의 전달이다. 상사의 지시를 받을 때, 고객의 주문을 받을 때, 어른께서 말씀하실 때 바로 몸을 부르는 분의 위치로 돌려보라. 고객의 주문에도 몸을 고객을 향하게 하고 조금 낮추어서 정중함을 표현해 보라. 고객의 마음은 일순간 좋은 대접을 받고 있다는 느낌을 받게 된다.

어린이나 몸이 불편한 분이 왔을 경우 눈높이를 맞추어 응대한다면 어린이뿐 아니라 주변 모두가 당신의 친절함에 기쁨을 느낄 것이다. 고객을 안내할 때는 앞서 가면서도 당신의 몸이 약간 고객 쪽으로 향하게 하면서 안내한다.

당신은 서 있고 고객은 앉아 있는 경우 당신의 상체를 절제된 동작으로 숙인다. 그리고 당신이 계단 위에 있고 고객은 아래에 있는 경우 고객은 올려다보는 것에 익숙하지 않으므로 밝고 가벼운 걸음으로 내려가서 고객의 요구를 듣는다. 상사의 사무실에서 나갈 때 바로 여러분의 뒷모습을 보이지 말아야 한다. 앞모습 그대로 한두 걸음 뒷걸음으로 걸어 나간 후 뒤로 돌아선다.

고객이나 윗분을 배웅할 경우 고객의 차가 모퉁이를 돌 때까지 당신의 몸이 그쪽을 향하고 있다면 혹시 바라볼지 모르는 고객에게 오랜 여운으로 당신의 친절함이 남을 것이다.

기억할 것 하나, 우리의 앞모습은 고객의 것이다.

고객거부의 말은 최후에 해도 늦지 않다

　사람들이 제일 듣기 좋아하는 말은 무엇일까? 사랑한다는 말일까? 물론 맞는 말이다. 그러나 특수한 대상이 아닌 보통의 상황에서 제일 기분이 좋은 말은 상대에게 어떤 요구나 질문을 했을 때 즉시 "예, 알겠습니다."라는 대답을 들을 때이다.

　사람은 자기의 요청을 상대가 즐겁게 수용할 때 존재감을 느끼고 자부심을 가지며 기분이 좋아지게 된다. 반대로 자기의 요청을 상대가 거부할 때는 모욕감이나 패배감을 느끼게 된다.

　"그건 안 됩니다" "잘 모르겠습니다" "곤란한데요" "다 끝난 일입니다" "그것은 없습니다" "글쎄요" "접수 끝났습니다" "제 소관이 아닙니다" "왜 제게 그러세요?" "그러셔도 소용없습니다" "방법 없습니다"와 같은 말은 불만을 폭발시키는 역할을 하는 말이다.

일전 백화점에서의 일이다. 영업이 거의 끝나가는 시간에 친구와 함께 봄옷을 구입하러 갔다. 약간 통통하던 친구는 시폰으로 된 예쁜 원피스를 발견하고는 그 옷을 살짝 만지며 말했다.

"와, 예쁘다."

그때 종업원이 내 친구의 몸을 쓱 바라보더니 한마디 하였다.

"사이즈 없어요!"

친구는 얼굴이 붉어지며 화가 나 어쩔 줄을 몰랐다. 내가 나서서 종업원에게 한마디 하고자 했으나 친구의 만류로 그냥 그 매장을 나왔다. 아마 나의 친구는 다시 그 백화점에서 옷을 사는 일은 없을 것이다.

이렇게 거부의 말은 고객에게 큰 상처를 준다.

사이즈가 없을 때는 어떻게 하면 좋을까?

"고객님, 어떻게 하죠? 지금 고객님께 맞는 사이즈가 준비되어 있지 않네요. 비슷한 디자인의 이 옷을 한 번 입어 보시고 맞으면 저희가 맞는 사이즈의 옷을 준비해 드리겠습니다."

부정적인 말은 가장 최후에 하는 말이다. 부정적인 말을 하기에 앞서 "예"라고 할 수 있는 방법은 없는지 반드시 생각해 볼 일이다.

멋진 전화 예절은 고객만족의 키포인트

오늘 기분 좋은 전화 한 통이 나의 하루를 느낌 좋게 만들었다.

다음 달 제주에서 있을 특별강연의 제목을 묻는 전화가 왔다. 목소리의 느낌부터 예절 바른 이미지를 충분히 느낄 수 있었고, 자신의 직함과 이름을 분명하게 그리고 또박또박 말하는 것에서 자신감 넘치는 사람임을 알 수 있었다. 그리고 전화를 건 용건에 대한 설명이 명확해 이해하기 쉬웠다.

여기까지는 프로 직장인이라면 누구라도 할 수 있는 전화예절이다.

그러나 이 남성의 전화 매너는 남달랐다. 전화를 마치기 전 "근무 이후 시간에 전화를 드려 폐가 되지는 않는지요?"라고 묻는 말을 듣고 난 가슴이 환해지기 시작했다.

사소한 듯 보이지만 세심한 배려는 마음을 따뜻하게 만든다.

우리는 언제나 누군가가 내 마음을 공감해 주고 이해해 줄 때, 즉 나를 알아 줄 때 마음이 열린다.

이제 이 한마디는 자주 사용하도록 하자.

"지금 전화 받으시기 편하세요?"

"늦게 전화 드려 죄송합니다."

"바쁘신데 전화 주셔서 감사합니다."

또 한 가지 전화예절에서 중요한 포인트는 마무리이다. 상대가 다 말하기 전에 끊어버리는 경우 아무리 좋은 전화대화를 했다고 해도 결과는 물거품이 되고 만다. 대화가 마무리 단계에 이르면 전화를 통한 대화에 대한 감사의 표현을 한다. 그리고 상대가 끊고 나서 2초 정도 기다린 후 수화기를 내려놓아야 한다.

"전화 주셔서 감사합니다. 좋은 하루 되세요? (하나, 둘 기다린 후) 딸칵~!"

고객을 가족처럼 섬겨라

비가 추적추적 오는 어느 저녁 거리의 한 모퉁이에 행색이 초라한 할머니가 우산도 쓰지 않은 채 택시를 기다리고 있었다. 몇 대의 택시가 그 할머니의 행색을 보고는 그냥 지나쳤다. 그리고 시간이 한참 지나 할머니가 비에 다 젖을 즈음, 중형택시 한 대가 그 앞에 멈춰서 그 할머니를 태웠다.

할머니는 어느 산비탈의 주택가에서 내렸다. 이때 운전기사도 따라 내리며 우산을 할머니께 내밀며 말했다.

"할머니! 이 우산을 쓰고 가십시오. 그리고 다음에 저희 회사의 택시가 보이면 그때 돌려주십시오. 안녕히 가십시오."

할머니에게 인사를 마친 그 운전기사는 다시 차 안으로 들어갔다. 그러나 그곳을 떠나지 않고 차를 이리저리 돌리며 차의 전조등을 그

골목 안으로 비추기 시작했다. 그리고 할머니가 골목의 모퉁이를 돌아 사라지는 것을 확인하고는 차를 돌려 돌아갔다.

그 우산에는 MK택시라는 회사이름과 전화번호가 적혀 있었다. 그 할머니와 가족은 그 우산에 있는 택시 회사를 오랫동안 기억할 것이다. 고객만족 서비스는 인간에 대한 존중이자 사랑이다.

> **Tip**
>
> **칼 알프레히트(Karl Albrecht)의 고객 서비스 7대 죄악**
>
> 1. 무관심   2. 무시
> 3. 냉담   4. 발뺌
> 5. 규칙 제일주의   6. 로봇화
> 7. 어린애 취급

고객응대에는 센스가 필요하다

중계동에서 영양센터를 하는 친구가 있다. 뒤늦게 시작한 사업이었지만 부부가 열심히 노력한 덕에 근방에서는 맛있고 친절하기로 꽤 유명한 집으로 자리를 잡았고 여름철이 되면 가게 바깥으로 줄을 설 정도가 되었다.

때는 중복, 무더운 여름날이었지만 삼계탕을 먹으려는 손님들로 가게 앞은 긴 행렬의 줄이 늘어서 있었다.

평소 고객에 대한 친절을 늘 강조하며 실천하는 친구였지만 그런 날만큼은 정신을 차릴 수가 없었다. 복날을 대비해서 아르바이트도 몇 명 고용했고 친절교육도 시킨 터라 제대로 된 서비스를 제공할 수 있으리라 생각했다.

가게 안은 온통 북새통, 손님이 들어오는지 나가는지조차 알지 못하는 상황이었고 가게 바깥은 땡볕 속에서 손님들이 줄서서 기다리고 있는 상황이었다.

그때 바깥에서 줄을 서 있던 한 모녀가 가게 안으로 들어와 물을 요구했다.

"저, 물 좀 주세요. 바깥이 너무 덥네요." 약간 통통해 보이는 딸은 얼굴이 발갛게 달아올라 있었고, 어머니는 지쳐 보였다.

이 소리를 들은 새로 고용된 아르바이트생은 그 바쁜 와중에도 친절히 딸의 배를 쓰다듬으며 한마디 하였다.

"아이구, 뱃속의 아기가 물 달라고 하는구나!"

순간 그 모녀의 얼굴은 흙빛으로 변했고 딸은 눈물을, 어머니는 고성을 질렀다.

"이 양반들아 장사 똑바로 해! 시집도 안 간 내 딸에게 뭐라고? 사장 나와! 직원교육 똑바로 시켜! 뭐 이런 집이 다 있어!"

순식간에 가게 안 분위기는 썰렁해졌고 어떤 방법으로도 그 모녀의 화를 풀 방법이 없었다. 순간의 말 실수로 줄을 서서까지 이용하려 했던 충성고객을 단숨에 쫓아버린 사례이다.

한 번 더 생각하고 말하자. 내가 한 말이 혹 평생 잊지 못할 상처가 되진 않을지, 훌륭한 꽃을 피울 싹을 자르는 행동은 아닐지, 나와 모두는 즐겁지만 듣는 당사자는 당혹스러운 이야기는 아닌지…….

고객응대에는 센스가 필요하다.

고객만족 테크닉도 연습에서 나온다

어떤 일이든 처음부터 능숙하게 숙달하는 것은 아니다. 배우고, 보고, 연습하고, 지적 받고, 경험이 쌓이면서 어느덧 자연스럽고 상황에 적절히 대응하는 프로가 되어 가는 것이다.

일류 고객응대를 자랑하는 항공사나 호텔 등에서는 먼저 배우는 교육을 철저히 한다. 두어 달에 걸친 고객응대 교육 훈련은 하드 트레이닝이다.

승무원의 경우에는 인사와 스마일 연습이 힘들지만 가장 기억에 많이 남아 있는 과정이기도 하다. 항공사의 예비 스튜어디스 교육생은 어디서 누굴 만나든 예절 바른 깍듯한 인사와 스마일을 해야 한다. 하루에도 수십 번을 반복하며 인사하고 누구와 마주쳐도 밝게 웃는 것을 두어 달 반복하다 보면 어느덧 자연스럽게 몸에 익혀지게 된다.

웃으며 인사를 나누다 보면 어느새 내 마음도 밝아진다는 사실을 느끼게 된다. 자기는 볼 수 없는 자신의 모습을 바꾸는 길은 반복된 연습을 통한 습관 형성에 있다는 것을 그때 알게 된다. 일단 자신의 몸에 인사와 스마일이 익혀지면 이젠 다른 사람들의 경직되고 무표정한 얼굴들이 부담스럽게 다가오는 것을 느끼게 된다. 내가 변하면 세상이 변하는 것이다.

당신은 무표정과 무뚝뚝함에 익숙해 있지는 않은가? 당신에게는 행동과 태도부문에서 꼭 닮고 싶은 역할 모델(Role Model)이 있는가? 당신은 배웠지만 실천에 옮기는 것이 힘든 스타일인가?

부족한 부분을 알지만 혹은 책을 보고 알긴 하지만 변화되긴 힘들 경우, 교육을 통해 자신의 모습을 비춰 보고 전문가의 도움을 받아 교정하고 훈련하여 변화된 자신을 가꾸고 부족한 부분을 바꿔 나가는 적극적인 삶의 자세도 필요하다. 요즘 많은 일반 기업, 병원, 관공서에서 친절 행동화 교육에 열의를 보이는 이유가 바로 여기에 있다. 알고 있지만, 변화하고 싶지만 잘 되지 않는 나의 잘못된 습관들을 사람들 앞에서 실습하고 표현해 보면서 용기와 자신감을 얻게 되기 때문이다.

우리 조직에 변화가 필요하다면 머릿속 지식은 많지만 실천되는 행동의 표현이 부족하다면 고객만족 행동화 교육을 신청하자.

고객만족은 눈맞춤에서 시작된다

고객만족 고객응대는 눈맞춤에서 시작해서 눈맞춤에서 끝이 난다고 해도 과언이 아니다. 우린 아침에 눈을 떠서 잘 때까지 눈을 뜨고 생활하지만 하루에 눈맞춤을 한 번도 하지 않고 지낼 때도 많다. 슬쩍 바라보는 얼굴이 아닌 눈을 깊숙이 바라보는 일은 상대를 깊이 이해하는 행위이다.

프로 고객응대는 눈맞춤을 잘해야 한다. 눈맞춤은 그냥 쳐다보는 것이 아니라 고객과 눈을 마주치고 느낌을 주고받아야 하는 것이다. 그 사소한 눈길에서 고객에게는 친절함이 전달되고 상사에게는 근무의욕이 전달된다.

여러분이 어떤 회사를 방문하였을 때 모두들 제 일에 바빠 아무도 눈을 마주치지 않아 곤혹스러웠던 경험이 있을 것이다. 혹은 직장에서 동료가 종일 외면하고 있어서 불안하였던 경험도 있을 것이고, 레스토랑에서 종업원을 부르려 했으나 다른 데만 보고 있어 소리 내어 부를 수밖에 없었던 기억도 있을 것이다.

눈을 마주치지 않는 것은 상대에게 오해를 불러일으킨다. 눈을 마주하지 않으면 아무리 열심히 일을 하여도 화난 듯 느껴진다. 또 무엇인가 불만이 있는 것 같고, 숨기고 있다는 느낌도 준다. 우리는 누군가를 무시할 때 혹은 자신감이 없을 때 눈을 마주치지 못하고 외면한다. 누구도 외면당하는 것을 반가워하지 않는다.

'eye contact'은 고객만족 테크닉의 기본이다. 눈맞춤에는 친절하겠다는 의지가 담겨 있다. 아주 짧은 시간에 이루어지는 눈맞춤으로 고객만족과 관심을 표현하고, 고객의 욕구를 알아 낼 수 있다.

예절을 표현할 때는 고객의 눈을 바라보는 것으로 시작한다. 얼굴과 몸을 고객을 향해 동공을 살짝 크게 뜨고 입 꼬리에 살짝 힘을 주어 올리고 눈을 바라본다. 그렇다고 뚫어지게 주시하는 것은 아니다. 감사와 관심의 마음을 지닌 채 도와드리겠다는 마음가짐으로 바라보는 것이다.

근무하는 회사에 고객이 오면 당신이 먼저 바라보라. 고객응대는 눈맞춤으로 시작된다.

고객의 이름을 기억하라

고객을 기억하는 것은 고객만족의 매우 중요한 부분이다. 이름과 직함, 하는 일과 가족관계 그리고 취향과 구입 스타일을 알고 있으면 장기적인 고객관리가 원활히 된다.

고객을 기억하는 데는 여러 노력이 필요하다. 종이에 적어서 관리하는 방법도 있지만 외워서 기억하는 것이 고객응대의 타이밍을 맞추는 데 가장 합당하다. 고객의 이름을 기억하는 방법을 소개해보자.

- 처음 만난 고객의 이름을 들으면 그 자리에서 마음속으로 여러 번 되뇐다. 그리고 언젠가 다시 만나리라 생각하며 그를 잊으면 훗날 대단히 난처한 일이 생길 것이라고 스스로 다짐한다.
- 그 고객을 만났을 때 똑똑한 발음으로 이름을 부른다. 이야기하

면서도 그 이름을 자주 들먹이고 헤어질 때도 이름을 부르며 작별을 고한다. "○○○님, 안녕히 가십시오."

- 고객의 이름이나 직함을 부를 때 얼굴을 바라본다. 그 얼굴의 특징을 기억하기 위해서 그 부분의 특징과 전체적인 인상을 머릿속에 담아둔다.
- 어떤 장소에서든지 그 사람을 만나면 이름을 부른다. 신문이나 매체에서 그를 발견하면 다시 한 번 그의 이름을 외운다.
- 기억에 이름이 어렴풋한 사람이 있으면 다시 그 이름을 물어본다.
- 잠들기 전에 그날 만났던 사람들의 이름과 장소, 이야기 내용, 요점, 복장 등을 상세히 기록한다.

고객은 항상 옳다?

　우리는 내가 친절한 것보다 타인이 나에게 친절해 주기를 바라는 마음이 매우 크다. 고객은 언제, 어디서나 즐겁고 기분 좋은 고객응대를 기대한다. 따라서 고객은 고객응대 현장에서 기분 상하는 일과 마주쳤을 때 평상시 느끼는 불평이나 불만보다도 더 민감하게 반응하게 된다. 기대가 컸기 때문에 실망도 큰 것이다.

　고객불만의 유형을 분석해 보면 다음과 같다.

　고객의 기대에 못 미치는 고객응대, 지연 고객응대, 직원의 실수와 무례함, 약속 미이행, 단정적 거절, 책임 전가 등 고객응대와 관련된 부분이 대부분이다.

　그 외에도 자연의 힘에 의해 발생하는 문제나 시스템의 원인 등 외부요인이 있지만 우리의 실수이건 다른 요인이건 고객의 불만에 정면으로 대처하고 해결을 강구하여 고객만족을 이끌어 내는 것은 현장에 있는 바로 우리들의 몫이다.

100명의 불만고객 가운데 오직 4명만이 불만을 표현한다는 미국의 조사결과도 있듯이 많은 고객은 불만을 가지고도 표현하지 않는다.

고객응대에 만족한 고객은 8명의 다른 고객에게 그 만족을 전파하지만, 고객응대에 불만을 가진 고객은 25명의 다른 고객에게 그 불만을 전파한다고 한다. 따라서 불만을 나타내는 고객은 우리에겐 소중한 보석 같은 존재라고 할 수 있다.

고객이 나타내 주는 불만은 우리와 우리가 속한 회사가 반드시 해결해야 하는 과제이므로 우리는 고객의 어떤 불만도 해소시켜 우리의 고객응대 능력이 타사에 비해 월등하다는 점을 증명할 수 있는 좋은 기회로 삼아야 한다.

불만을 나타내는 고객은 해결을 원하는 것이고 만족한 해결이 이루어졌을 때 오히려 충성고객이 되는 예가 많다.

불만고객을 충성고객으로 확보하는 10가지 방법을 살펴보자.

1. 먼저 사과한다

"죄송합니다" 이 한마디는 불만고객 응대의 가장 중요한 포인트이다. "미안합니다"보다 한 단계 높은 사과의 표현인 "죄송합니다"로 일단 유감의 뜻을 표한다. 단순한 "죄송합니다"보다는 "고객님, 불편을 끼쳐 드려 죄송합니다"로 호칭을 사용하고 죄송한 상황을 설명하는 것이 훨씬 효과적이다.

2. 열심히 고객의 불만을 경청한다

고객의 말을 끊지 않도록 주의하며 잘 듣고 불만의 문제를 파악하며 숨은 요인을 찾는다. 숨은 요인이란 고객이 지금 말하고 있는 내용과 그 내용의 이면에 숨어 있는 고객의 욕구와 고객이 말하고 싶지만 말할 수 없는 내용, 이 세 가지가 숨은 요인이다.

이때 중요한 점은 고객의 불만을 이해하고 함께 어려움을 걱정하고 있다는 인상을 심어 주도록 한다. 당신이 진심으로 듣지 않는다면 고객은 더욱 강도 높게 불쾌감을 표현할 것이다.

3. 변명을 하지 않는다

고객은 항상 옳다. 고객은 틀리는 법이 없으므로 설령 고객에게 잘못이 있다고 할지라도 규정 등을 내세우며 "왜 저에게 그러세요?" "화부터 내지 마시고 제 말 좀 들어보세요" 등의 변명하는 말을 하여 고객의 노여움을 사지 않도록 한다.

4. 고객 관점의 어휘 사용으로 공감대를 형성한다

"저희에게 솔직하게 말씀해 주셔서 감사합니다." "상황에 대해 말씀해 주신 덕분에 저희가 필요한 조치를 할 수 있었습니다. 감사합니다." "많이 속상하시겠습니다. 죄송합니다." 등의 말로 고객과의 대립의 상황이 아니라 문제 해결을 위한 고객의 입장에 서 있음을 느끼도록 한다.

5. 불만고객은 정면보다 어깨를 나란히 마주하는 자세를 취한다

화가 난 고객과 정면으로 대하게 되면 도전적인 인상을 줄 수 있다. 90도 정도 옆으로 서서 자연스럽게 고객의 편에서 상황을 보겠다는 태도를 고객에게 심어 준다.

6. 천천히 침착한 목소리로 이야기한다

톤을 낮춘 목소리는 침착한 분위기를 만들어 고객의 마음을 누그러뜨린다. 천천히 이야기하는 것은 신중하게 단어를 선택함으로써 실수를 적게 하며 성실히 대응하는 이미지를 심어 준다.

7. 문제가 어려울 경우 관리자가 해결을 돕도록 한다

"책임자 불러와" "지배인 바꿔" 등의 말을 들어 본 경험이 있는가? 많은 고객은 책임자와 문제해결을 하고 싶어한다. 원칙적으로 문제는 당사자가 해결해야 하는 것이나 이런 경우에는 고객이 상사에게 불만사항을 두 번 반복하게 하여 더욱 화나지 않도록 사전에 상사에게 고객의 불만내용을 가감 없이 객관적으로 전달하여 문제해결을 돕도록 한다.

8. 장소를 바꾼다

긴 시간이 요구된다는 판단이 서거나 다른 고객의 시선을 많이 집중시킬 시에는 정중히 "죄송하지만, 상담실에 가셔서 말씀해 주시겠습니까?" 등의 응대로 자연스럽게 고객을 다른 장소로 모신다.

고객 상담실에서 차를 접대하며 화를 가라앉힐 시간을 준다. 고객은 상담실로 옮기고, 책임자의 사과를 받고, 차 한 잔 마시는 시간을 가지는 과정에서 화를 가라앉히고 해결의 실마리를 찾게 된다.

9. 대안을 강구한다

먼저 고객에게 대안을 제시할 수 있도록 한다. "고객님, 저희가 어떻게 해 드리면 좋겠습니까?" 등의 제안을 한 후 고객의 요구를 다 받아들이지 못할 경우 실현 가능한 최선의 대안을 제시다. "죄송합니다만 고객님, 저희가 할 수 있는 방법에는 이러이러한 것이 있는데 어떠시겠습니까?" 이 경우에도 다시 한 번 고객에게 사과의 말을 한 후 고객과 적절한 합의를 도출한다.

10. 고객과 합의한 대안은 성실히 실천한다

고객과의 약속은 성실히 이행한 후 이행 과정과 고객이 만족했는지에 대해 확인하는 절차가 반드시 필요하다. 전화를 통해 서비스 만족도를 확인하는 작은 정성에서 고객은 감동한다.

그리고 향후 동일한 고객불만이 발생하지 않도록 내부적인 대책을 논의한다.

이와 같이 불만고객을 대하는 방법은 참 어렵다. 고객응대인의 입장에서는 불만고객이 발생하지 않도록 하는 편이 오히려 쉽다고 할 수 있다. 그래서 최근에는 'After service'가 아니라 'Before service'를 강조하고 있다.

우리는 가끔 아무 말도 하지 않는 고객에 대해 '아무 불만이 없다'

혹은 '만족하고 있다'고 잘못 해석하는 경우가 많다. 불만이 있어도 묵묵히 말하지 않는 고객 뒤에는 같은 불만을 가진 고객이 5배 이상 있다는 사실을 명심해야 한다. 이와 같은 침묵하는 다수(Silent Majority)는 전체 고객의 80%나 차지하고 있다.

고객은 일반적인 물적 고객응대나 획일적인 고객응대에서 친절이나 감동을 느끼지 못한다. 고객은 고품질 인적 고객응대, 즉 고객응대인인 당신의 고객응대 태도와 자세, 아름다운 말씨에서 친절한 고객응대를 느끼고 싶어한다.

언제, 어디서나 당신의 아름다운 마음을 밝은 표정, 정감 있는 인사, 단정한 용모, 공손한 말씨, 아름다운 자세와 동작에 담아 고객에게 선물하듯 해야 한다.

고객과의 만남을 소중히 여기는 따뜻한 마음을 가진 당신은 회사를 대표하고 자신을 빛내는 프로 스타이다.

Service Recovery의 세 가지 규칙

규칙 1 : 애초에 잘하라.
규칙 2 : 만약 잘못될 경우 바로 고쳐라.
규칙 3 : 명심하라, 세 번째 기회는 없다.

고객의 기대치를 넘어서라

고객만족 서비스의 기반에는 묵시적 약속이 있다. 고객의 기대가 바로 그것이다.

기대한 만큼 돌아오지 않을 땐 고객불만이 되고 기대보다 더 많은 것이 돌아왔을 땐 고객감동이 되는 것이다. 얼마 전 홈쇼핑을 통해 상품을 주문하던 중 상담원이 내가 알지 못한 서비스를 챙겨 주었다. 그 상담원이 말해 주지 않았으면 그냥 넘어갔을 것을 받을 수 있었기에 나는 매우 감사했고 기분이 좋았다. 이와 같이 고객만족은 고객과 맺은 무언의 약속을 반드시 지켜야 하는 것이며, 약속 그 이상의 것을 제공하는 것이다.

당신이 어느 회사로 전화를 걸 때 어떤 기대를 하는가? 상냥한 목소리로 신속하게 전화를 받아 친절하게 여러분의 요구에 응해 주길 기대하게 된다. 그것이 바로 고객과 약속한 고객만족의 부분이다. 고객과의 무언의 약속도 그렇게 중요한 부분일진대 고객과 구두로 약속한 부분은 더 설명할 필요가 없을 것이다.

약속은 인간 사이에 구두로 맺은 계약이다. 계약이 잘 이루어질 때 거기서 신용이 쌓이게 되고 더 큰 거래가 성공적으로 이루어지게 된다. 고객만족을 실천하는 사람은 어린아이와의 약속도 잊지 않는다. 당신이 고객과 맺은 작은 약속을 잘 지킬 때 고객만족은 저절로 한걸음 다가갈 것이다.

고객만족이란?

1. 고객만족은 얼굴이다. 첫인상은 판단의 기준이 된다.
2. 고객만족은 탤런트다. 항상 새로운 나를 연출해야 한다.
3. 고객만족은 설계다. 과정에서 결과까지가 명확하게 드러난다.
4. 고객만족은 손뼉이다. 고객과 내가 한마음이 돼야 성공의 소리가 난다.
5. 고객만족은 불과 같다. 고객만족은 일어나는 순간부터 없어진다.
6. 고객만족은 개발이다. 같은 고객만족의 되풀이는 고객을 감동시킬 수 없다.
7. 고객만족은 논술시험이다. 고객만족의 평가는 고객의 몫이다.
8. 고객만족은 무죄다. 물적 증거가 남지 않는다.

겉 다르고 속 다른 서비스는 가라!

기업 경영인을 대상으로 하는 특강을 마치고 몇 분과 환담을 나누던 중 들은 이야기다.

중소기업을 운영하고 있는 A는 국내 항공사를 이용해 유럽으로 출장을 다녀오며 일등석을 이용하였다. 기내 승무원의 세련되고 친절한 서비스에 무척 만족하였고 그는 자국 항공사에 대한 자부심이 들 정도였다.

인천공항에 도착한 후 짐을 찾는 과정에서 약간의 문제가 생겼고 도움을 청하려 직원을 찾았으나 보이질 않았다고 한다. 마침 함께 왔던 승무원이 지나가기에 도움을 청하였다. 그러나 승무원은 너무나 쌀쌀맞은 표정으로 자신은 기내 업무가 담당이므로 지상의 일은 잘 모르므로 지상 근무요원에게 이야기하라며 그냥 가버렸다고 한다.

그는 기내에서 그렇게 친절하던 승무원의 표변한 모습이 충격적이었다고 했다.

가끔 우리는 직업적으로만 친절한 사람을 만나게 된다. 자신의 직업적 의무나 목적을 위해 친절을 베푸는 모습에 감탄하기도 하지만 그런 친절은 목적이 달성되는 순간 사라지고 말 신기루 같은 친절이다.

어떤 서비스 맨은 업무 현장을 떠나거나 고객과 헤어지면 바로 얼굴 표정이 달라진다. 직업적인 미소로 고객을 대하는 모습을 보면 인간미가 느껴지지 않는 인형 같다는 생각이 들게 된다. 그래서 어떤 고객은 가식적인 친절을 거부하는 경우도 생기고 알레르기 반응을 보이기도 한다.

친절한 사람은 공명정대하다. 그리고 언제나 고객 앞에서 당당하다. 돈이 많은 사람에게도, 자신에게 이득을 가져다 줄 사람에게도, 가난한 사람에게도, 길에서 만난 타인에게도, 가족에게도 공평하게 대한다. 누가 보든 보지 않든 한결같이 친절하게 대할 뿐이다.

우린 흔히 지위가 높은 사람이나 부유해 보이는 사람, 옷을 잘 입은 사람이 대접받고 사람들로부터 친절한 대우를 받는 것을 많이 느끼게 된다. 그래서 백화점이나 호텔에 갈 때면 차도 좋은 차, 옷도 비싸 보이는 옷을 입으려고 한다. 장소에 맞고 격식에 맞게 하기 위함이 아니라 제대로 된 대접을 받기 위해서 그렇게 하는 것은 안타까운 일이다. 이런 현실은 공명정대하고 스스로에게 당당한 고객만족을 실천하는 사람이 적기 때문에 일어나는 현상이다.

이제부터라도 스스로를 속이지 말자. 사장님을 만족시키기 위해 내가 존재하는 것이 아니라 고객을 만족시키기 위해 내가 존재한다는 존재감을 가지자.

   스스로에게 당당하고 누구에게나 친절할 때 나의 서비스는 그 빛을 발휘한다. 당신의 그 친절한 미소를 근무 중 고객뿐 아니라 그곳의 환경미화원이나 경비원에게까지, 근무 후 만나는 고객에게까지 밝은 미소와 친절한 마음을 표현할 줄 알아야 진정한 고객만족 달인이라 하겠다.

서비스의 5단계

1단계 : 무관심 서비스
2단계 : 눈가림 서비스
3단계 : 최소한 서비스
4단계 : 혁신 서비스
5단계 : 예술 서비스

펀펀(fun-fun) 서비스

따귀도 서비스다?

뉴욕에서 서울로 돌아오는 비행기 안에서의 일이다.

기내 서비스에서는 어린이와 노약자를 우선해서 신경 쓰는 것이 기본사항이다. 안전하게 도착지까지 모시는 것이 승무원의 첫째 임무이기 때문이다.

한복을 입으신 할아버지 한 분이 계셨다. 아들 집에 들렀다가 혼자 귀국하시는 길이라 특히 마음이 쓰였으나, 다행히 할아버지는 비행기를 좋아했고 식사도 잘하셨다. 즐거워하시는 할아버지를 뵈니 덩달아 기쁜 마음이 되었다.

그러던 중 할아버지가 물을 한 잔 요구하였고 물을 드시는 할아버지와 몇 가지 대화도 나누었다. 그리고 반대편 승객을 서비스하고 할아버지를 보니 손에 들고 있던 물 잔을 바지에 엎지르고 고개를 숙이고 있지 않은가.

순간 할아버지가 졸려서 실수하셨나 하고 "어르신" 하며 불렀으나 의식이 없었다.

항공서비스 매뉴얼대로라면 방송으로 간호사나 의사를 찾고, 구급약을 준비해서 할아버지를 편안한 장소로 모시는 것이 순서이지만 너무 급한 상황이라 그럴 틈조차 없었다.

　바로 의자를 뒤로 젖히고 할아버지의 바지 끈을 느슨하게 한 후 큰 소리로 할아버지를 부르면서 뺨을 세게 쳤다. 그래도 할아버지는 의식이 돌아오지 않았다. 그때 주변에 있던 한 아주머니가 말했다.

　"더 세게 때리세요!!"

　승무원은 용기를 내서 두 번을 세게 쳤고 놀랍게도 할아버지는 의식을 되찾았다. 그런 후 바로 간호사 한 분이 나오셔서 할아버지를 진찰하고 보살펴 드려 무사히 서울에 도착할 수 있었다.

　때에 따라서는 서비스 맨의 순간 판단이 고객의 생명까지 구할 수 있다는 사실을 알게 되었다.

준비된 고객이 제대로 된 서비스를 받는다

　서비스 받는 사람, 즉 고객에게도 지켜야 할 매너가 있다. 서비스를 제공하는 사람에겐 매너가 필수이지만 서비스를 받는 사람의 매너가 함께 이루어지지 않으면 그 서비스는 반쪽짜리 서비스가 될 뿐이다.

　가끔 호텔이나 고급 레스토랑에 가서 웨이터의 품격 높은 서비스에 어찌해야 좋을지 몰라 불편한 경험이 있는가? 그런 경험이 있다면 바로 서비스 받는 매너를 알지 못했기 때문이다.

　그래서 어떤 사람은 호텔에 가면 불편해서 스스로를 "난 포장마차 체질이야."라며 아예 호텔은 가지 않으려는 사람도 있다.

　그러나 서비스를 받는 매너는 알고 보면 간단하다. 서비스를 제공하는 사람에 대한 존중과 배려하는 마음만 가진다면 나머지는 부수적으로 저절로 따라 오는 것이기 때문이다.

그러면 고품위 서비스를 잘 받을 수 있는 고객이 갖출 몇 가지를 알아보자.

- 고객은 서비스를 제공하는 사람을 차별하지 않는다.
- 고객은 나이 어린 아르바이트 직원에게라도 반말하지 않는다.
- 고객은 서비스에 대한 감사의 표현을 반드시 한다.
- 고객은 서비스를 받은 장소를 더럽히지 않는다.
- 고객은 또 다른 고객의 편의를 염두에 둔다.
- 고객은 서비스에 대한 시정을 요구할 때에도 매너를 염두에 둔다.

고객을 만족시키려면 고객의 입장을 잘 알아야 한다. 그러므로 고객 서비스를 하는 사람은 최고의 서비스를 제공하는 곳에서 고객으로 서비스를 받아 보는 경험을 하는 것이 중요하다. 직접 서비스를 받는 경험은 고객의 입장을 이해하는 데 가장 빠른 길이기 때문이다. 내가 비용을 내면 그에 상응하는 서비스를 받았는지 미흡했는지 매우 민감해진다.

마음을 주는 서비스가 진짜다

러시아의 대문호 톨스토이가 어느 날 길을 걷다가 구걸하고 있는 거지를 만나게 되었다. 주머니를 뒤지던 톨스토이는 돈이 한 푼도 없음을 알고 미안한 마음으로 거지에게 이렇게 말했다.

"내 형제여, 제발 화내지 마시게. 지금 가진 돈이 한 푼도 없다네. 만약 나에게 돈이 있다면 기쁜 마음으로 드렸을 걸세."

그 말을 들은 거지는 미소를 지으며 이렇게 대답했다.

"선생님은 제가 원하던 것보다 더 좋은 친절을 베푸셨습니다. 저같이 초라한 사람을 형제라 불러주었으니까요."

고객만족에 대한 교육을 할 때면 많은 교육생들이 불만을 토로하는 경우가 있다.

"급여가 너무 낮습니다. 급여가 높으면 더 친절할 수 있습니다."

"고객이 좀 우리에게 친절히 대하면 우리도 할 수 있습니다."

"상사가 권위적이지 않으면 더 잘할 수 있을 것입니다. 윗사람들부터 교육을 시키십시오."

"서비스를 제공하는 시스템이 너무 나쁩니다. 이것부터 개선해야 고객만족이 이루어집니다."

"고객 요구를 다 수용할 아이템이 부족합니다. 없는데 무엇으로 만족시킵니까?"

"이렇게까지 할 필요가 있습니까? 외국에서도 이렇게 안합니다."

모든 불만사항을 종합해 보면 네가 바뀌면 내가 바뀌겠다는 뜻이다. 그러나 고객만족은 결코 모든 상황이 다 주어진다 해도 내가 먼저 바뀌지 않으면 이루어지기 힘들다. 아무것도 가지지 않아도 상대를 기쁘게 해 줄 수 있다는 자신감을 가져야 한다. 나라는 존재가 고객만족의 디딤돌임을 잊어서는 안 되겠다.

고객만족은 고객을 위하는 마음만으로도 감동케 할 수 있다.

감정 서비스로 업그레이드 하라

몇 해 전부터 지능지수 IQ(Intelligence Quotient)만 신봉하던 우리에게 감성지수 EQ(Emotional Quotient)가 새롭고 중요한 우리의 삶의 능력으로 대두되면서 많은 의식의 변화를 몰고 왔다.

연구에 따르면 IQ가 높은 100명 중 단 10~15명만이 자신이 행복하다고 느끼고 있는 반면, EQ가 높은 100명의 사람들은 70~80명 정도가 자신이 행복하다고 느끼며 살고 있다고 한다.

감성지수를 높이려면 우선 세 가지 능력이 선행되어야 한다.

첫째, 타인의 감정, 정서, 기분을 이해하고 해석할 줄 아는 능력

둘째, 자신의 감정, 정서, 기분을 인식하고 자기의 감정을 조절할 줄 아는 능력

셋째, 타인의 입장에서 그 사람의 감정 상태와 같이 느낄 줄 아는 능

력, 즉 공감적 이해 능력이 필요하다.

　오늘날 많은 심리학자들은 지능지수보다 감성지수가 우리의 성공적인 삶과 행복한 삶의 영위에 더욱 중요하다는 연구 발표를 하고 있다. 교육에 있어서도 머릿속을 지식으로 가득 채우는 일보다 타인의 감정과 나의 감정을 느끼고 이해하고, 서로의 느낌과 감정을 공감하는 능력을 기르는 일이 무엇보다 중요한 교육임을 감성지능 연구가들은 주장하고 있다.

　우리의 고객만족 서비스 문화도 마찬가지다. 이젠 지적 서비스에서 감성 서비스로 변화되어야 한다. 서비스를 하는 방법을 누구보다 잘 알고, 많은 것을 제공한다 해도 그 행위에 인간의 따뜻한 감정이 들어 있지 않다면 그 서비스는 가치를 잃게 된다.

　하이테크(hightech) 사회가 되어 갈수록 우리들은 따뜻한 사람의 체온과 미소를 그리워하게 된다. 고객만족 교육도 감성교육으로 나아가야 한다. 감성을 키우는 교육은 인성교육과 그 맥을 같이한다. 고객의 마음을 빨리 알아내고, 그 마음을 함께 하고, 그것에 맞는 서비스를 제공하는 감성지수를 높이는 교육을 병행하지 않는다면 그 교육은 기교만 전달하는 반쪽 교육에 지나지 않게 될 것이다.

　자신이 하는 일에 대한 가치를 새롭게 정립하는 것, 내가 아닌 우리를 먼저 생각하는 것, 그것이 고객만족을 위한 감성 서비스 교육이다. 따라서 감성 서비스는 오래도록 고객의 마음에 남는 가장 높은 효과를 얻는 서비스임에 틀림이 없다.

　고객은 커피를 마시고 싶어 스타벅스에 가는 것이 아니라 스타벅스라는 문화를 공유하고 싶어 그곳에서 커피를 마신다. 고객이 우리가 제공하는 상품 때문에 이곳에 오는 것이 아니라 우리의 서비스 문화를 체험하고 싶어 이곳에 오도록 만들어야 한다.

이젠 감성 서비스 시대이다.

제너럴 모터스의 고객을 대우하는 10가지 방법

1. **황금률을 지켜라**
   다른 사람에게 대우받고 싶은 것처럼 다른 사람을 대우하라.
2. **칭찬하라**
   관대하라. 그러면 다른 사람도 긍정적으로 반응할 것이다.
3. **솔직하라**
   고객의 신뢰는 당신의 솔직함에 달려 있다.
4. **친구가 되라**
   한 명을 알려면 또 한 명이 필요하다.
5. **미소를 지어라**
   고객이 말하는 것을 듣는 것이 가장 좋은 방법이다.
6. **들어라**
   두 사람 사이의 간격을 최대한 좁혀라.
7. **베풀라**
   고객은 받은 것의 가치를 보고 감사하게 될 것이다.
8. **나 대신 상대방을 생각하라**
   의식적으로 이 단어를 사용하고 항상 유머감각을 유지하라.
9. **고객을 돌보라**
   행동이 말보다 백 배 낫다.
10. **고객의 이름을 불러라**
    누구나 자기를 알아보는 것을 좋아한다.

고객만족은 외부고객만을 위한 것은 아니다

미국의 〈리더십〉이란 잡지에 게재된 내용이다.

재키 로빈슨은 미국 최초로 유명 프로야구팀 선수로 기용된 흑인 선수이다. 인종 장벽을 실력 하나로 극복한 그이지만 그가 가는 경기장마다 비웃는 관중이 그를 기다리고 있었다.

어느 날 브루클린 뉴욕 경기장에서 그는 경기 도중 실수를 했다. 관중은 기다렸다는 듯이 이 흑인 선수에게 야유를 퍼붓기 시작했다. 낙담한 그가 2루석에 힘없이 서 있을 때 유명한 유격수 데니스가 그에게 다가와서 팔로 가볍게 어깨를 감싸 안았다.

다음 순간 조롱하던 관중은 조용해졌다. 훗날 로빈슨 선수는 그날 자신의 어깨에 놓인 그의 팔이 나의 선수생활을 다시 시작하게 해 주었다고 했다.

오늘 내가 다가가 격려하며 누군가의 움츠러든 어깨에 나의 팔을 올려놓는 일, 지금 그 일을 하기 바란다.

고객만족은 반드시 고객에게만 하는 것이 아니다. 나와 함께 같은 공간에서 혹은 같은 회사의 이름 아래 일하는 동료를 나의 내부 고객으로 여기고 그를 만족하게 하는 모든 행동도 고객만족에 포함이 된다. 동료가 힘들어할 때, 부하가 실수했을 때, 동료가 고객과 어려운 시간을 보내고 났을 때 가만히 다가가 그의 손을 잡아주며 어깨를 감싸안아 주자.

나의 팔도 한 사람의 삶을 다시 시작하게 하는 힘이 될 수 있다.

우리 삶에서 중요한 것 하나

우리 생애에서 마지막 순간까지 가장 중요한 것은
우리가 이웃에 대해서 따뜻한 마음을 얼마나 가졌는가,
얼마나 친절히 대했는가,
또한 그 따뜻한 마음의 본질이 무엇인가를 아는 일이다.
친절과 사랑은 우러나는 것이다.
사람은 친절과 사랑 안에서 성장한다.
여러 말이 있지만 친절하다는 것,
이것이 인간의 미덕이다.

친절 고객응대는 복수(卜數)로 행하라

고객응대는 말과 행동으로 이루어진다. 그 가운데서도 적절하게 말로써 응대하는 것은 친절 고객응대에서 매우 중요한 부분이다. 고객이 무성의하다고 느낄 때는 행동만 하고 말을 하지 않을 때이다.

말하지 않고 무표정한 행동으로 고객응대를 한다면 친절과는 거리가 멀어진다. 고객은 두 단어, 즉 복수로 말할 때 친절함을 느낀다.

고객이나 상관이 부를 때 어떻게 하는 것이 바른 행동일까?

- 그냥 다가간다.
- 다가가서 "부르셨습니까?"라고 한다.
- 부르면 즉시 "네"라고 대답하고, 다가가서는 "부르셨습니까, 고객님?" 혹은 "부르셨습니까, 부장님?"이라고 밝은 목소리로 응대한다.

당연히 세 번째의 상황이 친절한 응대이다. 이렇게 단순한 것 같지만 복수로 응대하는 것이 친절함을 느끼는 데에 크게 좌우하는지 많은 사람들은 아직 모르고 있다. 혹은 알고도 실천하고 습관화시키는 것에 어려움을 느낄 것이다.

복수로 응대하는 습관, 오늘부터 시작하라.

상사가 지시사항을 일러줄 때, 고객의 주문을 받을 때, 혹은 가정에서 부모님의 말씀에 복수로 대답해 보라. 회사와 가정, 여러분 주변의 모습이 달라질 것이다.

복수 응대의 몇 가지 예는 다음과 같다.

"예, 그렇게 하겠습니다."
"예, 지시대로 처리하겠습니다."
"예, 다녀오겠습니다."
"부장님, 부르셨습니까?"
"고객님, 무엇을 도와드릴까요?"
"고객님, 잠시만 기다려주시겠습니까?"

I meSSage 테크닉

　대화를 할 때 'I message'의 방법을 이용하면 상대의 기분을 상하지 않고 나의 마음을 전할 수 있다. 'I message'는 대화의 주체가 네가 아닌 내가 되어 전달하는 표현 방법이다.

　우리가 말하는 대부분의 대화를 생각해 보면 네가 주체가 되는 경우가 대부분이다. "넌 왜 그렇게 하니?"라는 표현보다 "네가 그렇게 하니 내 마음이 상해."라고 말하면 상대의 마음을 다치지 않고 나의 마음을 전달할 수 있다.

　평소 부하직원이나 자녀에게 불만을 전할 때 어떤 말을 쓰는지 한번 생각해 보라. 대부분 2인칭으로 시작되는 표현을 습관처럼 쓰고 있을 것이다.

　1인칭으로 시작되는 언어습관을 지금부터 시작해 보자.

자주 지각을 하는 사원에게 "왜 (YOU) 매일 지각인가!"라는 말보다 "자네가 지각할 때마다 (I) 신경이 곤두선다네. 직장인의 성공은 정시 출근이거든. 난 자네가 성공적인 직장인이 될 거라고 믿고 있다네." "내일 아침엔 우리 즐겁게 아침근무를 시작하지 않겠나?"라고 말하는 것은 계속적인 'I message'만으로 상대에게 충분한 의사를 전달하였고, 상대는 하나도 기분 나쁘지 않게 자신의 단점을 파악하고 개선할 마음을 가지게 된다.

또 자녀가 아무데나 가방을 던져두고 다닐 경우 "가방을 아무데나 놔두면 (YOU) 어떻게 해? 암만 말해도 듣지도 않고 넌(YOU) 대체 누구를 닮았니?"라고 하면 'you message'가 되고, "가방을 거기에 두니 발에 걸려서 (I) 엄마가 넘어질 뻔했네? 가방을 네 방에 가져다 두면 엄마가 넘어지지 않겠지?"라고 말하면 'I message'가 된다.

지속적인 You message는 아동기의 아이에게 자신에 대한 부정적인 생각을 가지게 된다. "넌 왜 그러니?" "넌 이런 짓 하지 마." "하는 짓마다 넌 왜 그 모양이야." 등의 말들은 매너 이전의 아동의 정신에 상처를 주게 되고 그리하여 자아형성에 나쁜 영향을 끼친다.

왜 그런 행동을 하면 안 되는지, 그런 행동을 하게 되면 상대가 어떤 불편과 느낌을 가지게 되는지를 끊임없이 말해주는 것이 바로 I message이다. 이렇게 I message는 상대의 시각에서 대화를 하는 것이 아니라 나의 시각에서 대화를 하게 되는 기법이며, 이것이 습관화되었을 때 대화는 한결 부드러워지고 나의 의사가 제대로 전달이 되는 고객만족 대화기법의 기본이 된다.

I message는 일상적인 인간관계뿐 아니라 사회 속의 국가와, 국가

간의 기업과 고객 간, 정부와 국민 간에, 선생님과 학생 간에 이루어져야 한다.

얼마 전까지 공공기관에서는 명령형의 캠페인을 주로 사용하였다. "산에서 내려 올 때는 쓰레기를 들고 오십시오(You message)."에서 "산에 쓰레기를 버리면 산이 아파요(I message)."로 바뀌어 가고 있다. 이와 같은 예는 우리 생활 곳곳에서 볼 수 있다. 고속도로의 톨게이트에서는 "표 파는 곳"에서 "표 사는 곳"으로 관공서 위주의 시각에서 사용자 위주의 시각으로 바뀌어 가고 있다.

우리는 매사 상대에게 책임과 잘못을 전가하는 데 익숙해져 있다. 그것이 내 생각을 전달하는 데 가장 빠르고 강력한 수단이기 때문이다. 그러나 요즈음 나라나 회사, 학교 어디에서도 더 이상 You message는 통하지가 않는다. 이젠 I message 시대이다. I message만이 상대의 마음을 움직일 수 있다.

존중받고 싶다면, 가족간·동료간 대화에 오해가 많고 불화가 잦다면 내가 사용하는 메시지가 You message가 아닌지 살펴보아야 한다. 같은 의미를 전달하는 데 보다 순화되고 상대를 배려하는 'I message'를 사용하는 습관을 기른다면 말하기 곤란한 상대에게도 자연스럽게 자신의 의미를 전달할 수 있다.

때로는 눈 뜬 장님이 되라

　특급 호텔의 로비에서의 일이다. 한 여성이 여류명사 한 분을 만나 중요한 상담을 하게 되었다. 이야기를 나누고 자리를 이동하려 일어선 순간, 그 여류명사의 스커트에 문제가 생겼다. 말려 올라간 스커트가 내려오지 않는 것이었다. 당황한 그 명사는 스커트를 내리려다 핸드백을 떨어뜨렸고 내용물이 주변에 흩어지고 말았다.

　이런 경우의 고객대응은 어떻게 해야 하는 것일까?

　"어머, 스커트가 다 올라갔네, 제가 내려 드릴게요."라며 함께 스커트 자락을 내려드려야 할까? 아니면 사적인 물건인 핸드백 내용물을 함께 주어 담아야 할까?

　여성은 재치 있게 들고 있던 코트를 자연스레 펼쳐 팔에 걸고 가려서 주변 사람들이 보지 못하게 막아 주었다. 그리고 아무 일도 없었던 듯이 자연스럽게 행동을 했다.

　보통 고객응대에서는 보고도 못 본 척하는 것은 옳지 않지만, 이처럼 경우에 따라서는 못 본 척, 별일 아닌 척하는 것도 고객응대가 되기도 한다. 사실 '하지 않는 고객응대'란 기존 고객응대 분야에서는 생각할 수 없는 것이었지만, 이제는 이것도 훌륭한 고객응대의 하나이다.

> **Tip**
>
> **고객 감동 전략 10가지**
>
> 1. 고객에게 인사할 때 유쾌하게 하자.
> 2. 고객에게 미소짓자.
> 3. 고객의 이름을 불러 드리자.
> 4. 물건을 팔기 전 먼저 고객의 기분을 좋게 하자.
> 5. 진정 고객에게 관심과 흥미를 가지자.
> 6. 성심성의껏 대하자.
> 7. 고객을 비판하거나 화내지 않고, 인정하고 관용하자.
> 8. 고객의 의견을 경청하자.
> 9. 고객과 처지를 바꾸어서 생각하자.
> 10. 고객 서비스 정신을 잃지 말자.

고객의 '프라이버시'를 보호하라

어떤 사람이 레스토랑에서 친지와 식사할 때의 일이다.

식사를 마친 후 웨이터에게 카드 결제를 부탁했다. 잠시 후 웨이터가 오더니 "데스크에 전화가 와 있으니 받아보시겠습니까?"라고 했다.

무슨 전화인가 싶어 데스크에 갔다. 웨이터가 말하길, "고객님의 카드에 약간의 문제가 있는 것 같습니다. 테이블에서 잠시 오시게 하기 위해 전화가 왔다고 말씀 드렸습니다."라고 하는 것이었다. 기한이 지난 카드임을 알고 다른 카드로 결제를 했고, 자신의 프라이버시를 배려한 그 친절에 그 레스토랑의 단골이 된 것은 당연한 일이다.

만일 계산대에서 고객이 카드로 지불을 할 경우 다른 고객들이 줄지어 있는데, "고객님, 카드가 안 되는데요." 하고 큰 소리로 말해버린다면 그 순간 고객은 주변을 의식해 당혹감을 떨칠 수 없을 것이다.

아무리 친절하게 말했다 하더라도 주변 사람들에게 들리도록 크게 하는 것보다는 고객의 프라이버시를 존중해 살짝 귓속말로 전하는 것이 고객을 진정으로 배려하고 감동시키는 요령이다.

고객은 누구인가?

1. 고객은 우리에게 가장 중요한 인물이다.
2. 고객은 우리가 의지하고 있는 것이지, 고객이 의지하는 것이 아니다.
3. 고객은 우리 사업의 목적이지 훼방꾼은 아니다.
4. 고객은 우리에게 혜택을 줄 뿐 우리의 서비스가 고객에게 혜택을 주는 것은 아니다.
5. 고객은 우리사업의 일부이지 국외자가 아니다.
6. 고객은 단순한 통계치가 아니라 인간이다.
7. 고객은 논쟁의 대상이 아닌 존경의 대상이다.
8. 고객은 우리에게 소원을 말하고, 그 소원을 채우는 것은 우리의 할 일이다.
9. 고객은 우리의 예절과 대접을 최고 수준으로 받을 권리가 있다.
10. 고객은 우리에게 월급을 주는 고마운 사람들이다.
11. 고객은 누구보다도 중요한 사람이다.
12. 우리의 운명은 고객의 손에 달려 있다.
13. 고객이야말로 우리가 여기서 일하고 있는 목적이다.
14. 우리가 고객에게 서비스를 제공함으로써 호의를 베푸는 것이 아니라, 고객이 우리에게 그렇게 할 수 있는 기회를 제공하는 호의를 베풀어 준 것이다.
15. 고객은 말다툼의 대상이 아니며 고객을 이길 수 있는 사람은 아무도 없다.
16. 고객은 우리에게 자기가 원하는 것을 요구하는 사람이다.
17. 우리의 업무는 고객과 우리 모두에게 적정한 가격으로 고객의 요구를 신속히 처리해 주는 것이다.

고객을 위한 필수 이미지 지수 Check

현대 사회는 이미지의 사회이다. 이름만 들어도 기억되는 모습이 바로 '이미지'로 이런 이미지가 나쁘면 기업은 고객을 잃고, 대인관계에서는 친구를 잃고, 가정에서는 이웃을 잃게 된다.

필자는 한 고객에게 이런 질문을 해 보았다.

"○○기업에 대해 한마디로 표현해 주시겠습니까?"

그 고객은 이렇게 대답하였다.

"따뜻함"

그 고객은 왜 그런 느낌이 들었는지 설명해 달라는 요구에 이렇게 대답했다.

"특별히 꼬집어 말하긴 어려운데 왠지 ○○기업을 생각하면 따뜻한 느낌이 들어요."

그렇다. 바로 이런 따뜻하다는 느낌과 고객의 마음에 떠오르는 영상이 바로 이미지다. 이미지란 기업의 환경, 상품진열, 가격, 직원의 태도, 용모, 표정 등이 총체적으로 한 장의 사진으로 현상되어 고객의 기억 속에 오랫동안 남게 되는 인상을 말한다.

이제 고객은 상품의 질이나 가격보다 브랜드의 이미지에 의해 구매를 하게 되는 이미지 마케팅 시대가 온 것이다. 우리의 이미지는 본래의 인상보다 더 좋게 혹은 더 나쁘게 보일 수 있다. 이미지 메이킹은 배우나 전문직 종사자가 연출하는 특별한 것이 아니다. 누구나 가지고 있는 '자기 모습'을 고객이 기대하는 이미지에 맞게 '친절하고 적극적인 모습'으로 만들어 독특한 그 기업만의 이미지를 연출하는 것이다.

우리는 우리의 고객에게 어떤 이미지를 주어야 할까? 인간미, 도덕성, 정성스러운 마음, 깊은 관심, 신뢰감, 동질감, 겸손함, 원만함, 예의범절, 유연함, 친절과 같은 이미지를 고객이 느낄 수 있도록 하는 우리의 필수 이미지를 체크해 보자.

항목	고객을 위한 필수 이미지	Yes	No
준비 단계	1. 지금 당신은 고객맞이에 적합한 청결한 용모를 하고 있습니까? (두발, 화장, 손톱, 구취, 체취의 상태를 점검해 주십시오.)		
	2. 지금 당신은 직원다운 복장을 하고 있습니까? (유니폼, 명찰, 구두의 상태를 점검해 주십시오.)		
	3. 지금 당신은 제품, 가격에 대한 정보를 완전히 파악하고 있습니까? (고객의 질문에 정확하고 일관성 있는 정보를 제공할 수 있는지 점검해 주십시오.)		

항목	고객을 위한 필수 이미지	Yes	No
준비 단계	4. 지금 당신은 고객에게 감동 고객응대를 실천하겠다는 마음가짐이 되어 있습니까?		
업무 단계	5. 지금 당신의 표정은 밝고 환해 고객을 즐겁게 해 주고 있습니까? (눈의 표정, 입의 표정, 마음의 표정을 점검해 주십시오.)		
	6. 지금 당신은 고객을 보면 항상 먼저 인사하고 있습니까? (마주 지나칠 때 목례, 다가 올 때 보통례, 가실 때와 사과할 때 정중례)		
	7. 지금 당신은 고객의 상황을 파악하려고 늘 애쓰고 있습니까? (고객이 무엇을 찾고 있는가, 어떤 도움이 필요한지 살펴보십시오.)		
	8. 지금 당신은 고객에게 밝게, 친절하게, 즐겁게 이야기하고 있습니까? (밝은 톤, 생기 있는 어조, 온화한 말투, 부드러운 목소리를 점검해 주십시오.)		
	9. 지금 당신은 고객에게 항상 "고객님"이란 호칭을 붙여 말씀드리고 있습니까?		
	10. 지금 당신은 고객이 말씀하실 때 적절히 맞장구를 치고 있습니까? (고개를 끄덕이고 공감하는 표정을 짓고 적절한 맞장구를 하고 있는지 점검해 주십시오.)		
	11. 지금 당신은 고객을 위한 일을 최우선으로 하며 빠른 판단으로 재빠르게 일을 처리하고 있습니까? (내 일보다 고객의 일을 우선으로 신속한 응대와 해결을 하고 있는지 점검해 주십시오.)		
	12. 지금 당신은 고객을 항상 공평하게 응대하고 있습니까? (먼저 오신 고객 먼저 해결해 드리고 있는지 점검해 주십시오.)		
	13. 화가 난 고객에게 "정말 죄송합니다."라고 진심 어린 사과의 말을 하고 있습니까? (정중한 태도, 진심 어린 마음을 전달하고 있는지 점검해 주십시오.)		

항목	고객을 위한 필수 이미지	Yes	No
업무 단계	14. 지금 당신은 고객의 문제 제기 시 적극적으로 해결해 드리고 있습니까? (고객의 이익과 장점을 적극 홍보하고 있는지 점검해 주십시오.)		
종료 단계	15. 근무 종료 시 오늘 함께 한 고객에 대한 반성을 하며 업무를 마감합니까? (불친절하게 느낀 고객은 없었는지, 컴플레인 발생의 원인은 무엇이었는지, 내가 잘했던 일과 개선할 일을 점검해 주십시오.)		

■ 자신의 이미지 지수 평가 ■

Yes 점수	유형	설명
13~15개	가치창조형	당신은 고객감동을 이끌어내는 형으로 자신의 일에 보람과 가치를 찾고 있는 멋진 사람입니다.
9~12개	매뉴얼형	당신은 정확하게 자신의 일을 처리하는 형으로 고객에게 열심히 일하는 이미지는 주지만 고객감동을 주기엔 조금 부족합니다. 조금만 더 노력하세요.
5~8개	눈치형	당신은 고객의 눈치, 상사의 눈치를 보며 일하는 형으로 소극적인 이미지를 전달하고 있습니다. 더욱 노력해야 합니다.
1~4개	억지로형	당신은 죽지 못해 일하는 형으로 고객뿐 아니라 동료에게도 폐를 끼치는 부정적 이미지의 소유자입니다. 내가 택한 나의 직업을 사랑하고 최선을 다하는 노력이 필요합니다.

    이미지는 신용평가의 척도이다. 이미지는 바로 당신의 얼굴이라는 점을 잊지 말아야 한다. 당신의 이름을 듣는 순간 한 폭의 아름다운 그림을 머릿속에 떠올릴 수 있도록 우리 자신의 모습을 최고의 모습으로 연출하도록 하자.

미소 담긴 얼굴로 무장하라

　사회생활은 일종의 연극 무대에서 연극을 하는 것이라고 할 수 있다. 우리는 매일 회사에서 일반의 고객(내부 고객)을 상대하기도 하고 때로는 몇몇 핵심 고객(상사, 외부 고객)을 상대하기도 한다. 어떤 경우든 무엇보다 중요한 것은 우선 직무의 역할을 완전하게 이해해야만 한다는 것이다. 사람들은 누군가를 만나는 몇 초 혹은 몇 분간에 상대방의 다양한 측면을 짐작하며 특히 직업적 신뢰성과 성공 가능성을 짐작한다. 당신은 스스로 어떤 사람인지, 또 자신의 직무역할은 직장과 사회에 어떤 영향을 미치는 가치를 가지고 있는지 생각해보아야 한다. 그러한 생각들이 당신의 모습을 전문인으로 혹은 열성적인 모습으로 만들기 때문이다.
　그러한 우리의 모습 가운데 가장 사람들의 눈길을 집중시키는 곳이 바로 얼굴의 표정이다. 당신은 다른 사람의 표정 신호를 잘못 받아들인 적이 있는가? 심각해 보이는 표정의 친구에게 "무슨 일이 있어?"라고 물었을 때, 당신의 친구는 오히려 의아하다는 듯이 "아무 일도 없어. 왜 그러는데?"라고 반문한 적이 있는가? 혹은 당신이 정신을 집중해서 일을 하고 있는데 당신의 동료가 "왜 안 좋은 일 있어? 어디 아파?"라고 물었던 적은 없는가?

이렇게 우리는 자신의 표정을 의식하지 못하는 경우가 너무나 많다. 당신은 화가 나지 않았는데도 화난 것으로 오해를 사기도 하며, 긍정적인 말을 하고 있는데도 미간에 잡힌 주름으로 인해 상대는 당신이 불편하거나 찌푸린다고 오해하기도 한다.

캘리포니아 UCLA 대학의 앨버트 메라비안 교수는 실험을 통해서 우리의 얼굴표정은 말하는 내용이나 목소리보다 더 강한 영향력을 가지고 있다고 하였다. 당신의 표정이 당신의 직업과 어울리며 당신이 생각하고 느끼는 바대로 표현되는지 확실히 알고 있는가? 확신이 없다면 가까운 가족이나 친구들에게 물어보아야 한다.

여성이든 남성이든 누구나 아름다운 외모를 가지고 태어나길 바란다. 그러나 그런 혜택은 누구나 누릴 수 있는 특권은 아니다. 하지만 전혀 돈을 들이지 않고도 지금보다 훨씬 더 아름다워질 수 있는 방법이 있다. 바로 밝고 아름다운 표정을 가지는 일이다.

인간이 만들어 낼 수 있는 수천 가지의 표정 가운데 가장 아름답게 느껴지는 표정은 다름 아닌 미소이다. 그 미소 하나로 당신은 지금보다 더 아름다워질 수 있다. 우리에게는 어린 시절부터 몸에 밴 습관들을 계속해서 유지하려는 경향이 있기 때문에 이 아름다운 미소를 짓는 일은 생각처럼 쉽지만은 않다. 미소는 너무 지나치거나 부족해서도 안 된다. 어떤 남자는 미소를 더 자주 지어야 하겠지만 어떤 여자는 지나치게 웃지 않도록 조심해야 할 경우도 있다.

아름다운 미소를 짓는 방법 가운데 가장 중요한 것은 거짓된 미소를 짓지 않는 일이다. 이는 당신을 더 밉상으로 보이게 한다. 또한 얼굴 전체가 아닌 입술만 움직이는 미소 또한 사람을 부자연스럽게 느껴지게 한다.

미소는 상황에 어울리게 진심으로 지어야 하며, 이는 당신이 상대방에게 상냥함과 관심을 갖고 있음을 나타내게 되는 것이며, 당신의 미소가 상대의 닫힌 마음을 따뜻함과 열린 마음으로 바뀌게 만들 것이다.

미소는 타인에게 편안함을 주고, 활기를 북돋운다. 진심 어린 미소는 결코 입술에만 머무는 것이 아님을 다시 한 번 강조한다. 오래된 속담에도 "눈으로 미소 지어라."라는 말이 있다.

또한 미소를 지을 때 시선을 피하거나, 몸을 흔드는 것은 삼가는 것이 품위와 멋을 느끼게 한다. 시선을 피하면서 짓는 미소는 무슨 다른 뜻이 있는 듯이 여겨지기 쉽고, 몸을 흔드는 미소는 품격이 떨어져 보이기 때문이다.

기분 좋은 미소는 지금의 상황이 즐겁다는 뜻을 전달하게 된다. 근무 시 고객들에게 지어 보이는 당신의 미소는 그곳에 와 있는 것이 행복하며 자신의 직업을 진심으로 원해 일을 하고 있다는 의미를 전달하게 된다.

당신이 선택한 직업이란 연극무대에서 당당히 미소를 지으며 대화하고, 안부를 묻고 서 있어 보라. 당신은 그 연극무대의 주인공이다. 자신의 위치에 당당히 서서 마음이 담긴 미소를 얼굴 가득히 짓고 있는 당신은 이미 프로페셔널 이미지 메이커이다.

이것만은 실천하겠습니다

1. 상냥한 미소로 인사하고 친절히 안내하겠습니다.
2. 고객이 자유롭게 주문과 구매를 할 수 있도록 권장하겠습니다.
3. 고객의 상품은 정중히 전달 해 드리겠습니다.
4. 깨끗하고 청결한 모습으로 고객을 맞이하겠습니다.
5. 고객이 가실 때에는 따뜻하고 감사하는 마음으로 인사하겠습니다.

호감 주는 대화로 고객을 설득하라

"세상 사람들의 반은 할 말이 있으면서도 하지 못하는 사람이고, 나머지 반은 할 얘기도 없으면서 쉬지 않고 얘기하는 사람이다."〈가지 않는 길〉로 우리에게 잘 알려진 시인 로버트 프로스트의 말이다.

이 말은 우리는 의사전달을 위해 언어라는 도구를 많이 사용하지만 제대로 말을 하는 사람이 적다는 이야기이다. 근무시간 내내 대화를 나누고 있지만 내가 하는 말들이 고객에게 어떻게 느껴지고, 의미는 잘 전달되는지, 나의 목소리는 고객을 편안하고 안심되게 해 주고 있는지, 일방적이거나 지시하고 있지는 않은지 생각해 본 적은 없을 것이다.

그렇다면 상대에게 따뜻함을 주는 대화는 어떤 것일까?

첫째, 호감을 주는 목소리, 즉 음성 이미지가 좋아야 한다. 맑고, 부드럽고, 거침이 없고, 톤과 음량도 적당하고, 속도는 다양하고, 활기찬 느낌을 주는 목소리이다.

우리가 TV나 라디오를 듣다가 채널을 돌리게 되는 많은 이유 중 하나는 목소리가 듣기 불편하기 때문이다. 인간은 위험을 피하기 위해 갈라지고 찢어지는 소리에 매우 민감하게 반응한다. 혹시 고객을 대할 때 피곤해서 갈라지는 목소리, 감정이 없는 사무적인 목소리, 어리광이 배어 나오는 목소리, 사투리 때문에 무뚝뚝하게 느껴지는 목소리로 응대하지는 않는지 살펴보아야 한다. 부정적인 느낌을 주는 목소리는 고객에의 신뢰를 떨어뜨리고 나쁜 선입견을 주게 되는 마이너스 요인이다.

사람은 말의 내용이 아니라 어조로 전하고자 하는 의미를 파악하기 때문에 어조만으로 우리의 고객은 지금 저 사람이 '짜증이 나 있구나' '서두르고 있구나' '날 귀찮아하는구나' '성격이 나쁘겠구나' '신중하지 못하구나' 하고 생각하게 된다.

그렇다면 호감 주는 목소리를 위해서는 어떻게 해야 할까?

- 고객에게 말하기 전 자세를 똑바로 하고 가슴을 바르게 편다.
- 눈썹에 약간의 힘을 넣고 입 꼬리를 귀쪽으로 당겨준다.
- 목소리 톤을 2도 정도 올려서 말한다.
- 생동감을 잃지 않고 활기차게 말하며 끝을 살짝 올려준다.
- 고객과 가까이에서 설명할 때는 음성을 조금 낮추어 따뜻함을 전달한다.

둘째, 호감 주는 대화는 고객의 말을 경청하는 데서 시작된다. 대부분의 고객응대를 제공하는 사람들은 고객에게 많은 도움을 주어야 한다는 생각에 많은 말을 하게 되는 경우가 많다. 그러나 고객은 일방적으로 주어지는 정보는 오히려 관심을 주지 않는 경우가 많다. 사람들은 누구나 듣기보다는 말하기를 더 즐거워하며 고객 또한 말을 하고 싶어한다는 사실을 기억하라.

고객과의 대화에도 '1, 2, 3 화법'의 법칙을 사용한다. 예를 들어 고객에게 1분간 설명을 하면 고객의 말에 2분간 귀 기울이며, 고객이 말을 하는 2분 동안 3번의 맞장구를 하는 방법이다.

고객에게 접근 후 고객의 이야기를 이끌어내기 위한 질문을 한다. 질문은 "예" "아니오"로 대답할 내용의 질문이 아닌 언제, 어디서, 어떻게 질문을 하는 것이 좋다. "어제 드셔보시니 어떠셨어요?" "원하시는 것을 진작 말씀 해 주시지 그러셨어요." "불편한 점은 없으셨어요?" 등의 질문은 고객이 말을 할 기회를 열어 주며 고객과 고객응대제공자 간의 대화의 폭을 넓혀 호감을 사게 된다.

셋째, 긍정적 맞장구는 고객의 호감을 부른다. 사람은 누구나 자신이 하는 이야기를 수용해 주고 인정해 주기를 원한다. 그럴 때 맞장구는 대단히 효과적인 대화의 수단이 된다. 맞장구는 말로도 하며 눈으로, 몸으로, 동작으로, 고개의 끄덕임으로, 표정으로 하는 것이다. 특히 맞장구를 할 땐 고객에게 긍정적인 이미지를 줄 수 있는 내용이면 더욱 좋다.

고객이 하는 사소한 반응, 말에 주의를 집중해야 한다. "지난번 하고는 좀 맛이 다르네요."라고 고객이 말할 경우 "지난번은 재료가 다르고요. 이번은 아니거든요." 혹은 "맛이 같을 텐데 이상하네." "요리 방법이 다른 거예요." 등의 대답은 부정적인 이미지를 줄 수 있다.

"네. 좀 다르지요? 기억력이 좋으시네요. 지난번엔 한국 전통식으로 조리되었던 거고요. 지금은 중국식과 한국식의 퓨전 스타일이랍니다. 어떠셨어요?"

이와 같이 고객의 말에 긍정적인 맞장구를 하고 고객을 칭찬하고 자세한 설명과 고객의 이익을 알려주는 것이 호감을 증대하는 화법이다. 어렵다고 생각되면 고객의 말을 그대로 따라 한다고 생각해 보라.

고객이 양이 적어 먹지 못했다고 할 경우 "어머, 그러셨어요? 좀 일찍 오셨으면 좋았을 텐데. 이번 금요일에 다시 제공되니 그때 꼭 더 드릴게요." "어머, 그러셨어요?" "네, 맞습니다." "저도 그런 적이 있어요." "잘 알겠습니다." "정말이세요?" "대단하시네요." "멋지십니다." "안목이 있으시네요." "역시 그러셨군요."와 같은 표현은 고객이 인정받는다는 느낌을 줌으로써 고객의 호감을 얻는 맞장구들이다.

또한 말할 때는 말끝을 확실히 하여 신뢰감을 들게 해야 한다. "아마 그럴 거예요." "○○인 것 같네요." "둘 다 비슷하죠." "글쎄요." "전 잘 모르겠어요." 등의 표현은 고객에게 혼란만 주고 신뢰를 떨어뜨리게 된다.

밝고 부드러운 목소리와 말소리의 고저 및 속도, 적극적인 경청 그리고 적절한 맞장구, 긍정적인 내용, 확실한 끝마무리는 고객의 호감을 얻는 키포인트 화법이다.

하루 24시간, 1년 365일 당신의 모든 말과 행동이 당신과 당신의 직업의 이미지를 만들고 그 결과 당신 삶 전체를 형성한다. 고객에게 호감을 주는 말씨와 어조를 매일 연습하고 자주 사용하여 멋진 고객응대를 하자.

고객과의 대화 예절 6가지

1. 고객의 이야기에 열심히 귀를 기울인다.
2. 고객의 말을 막지 않는다.
3. 고객의 직함이나 이름은 곧 외워서 사용한다.
4. 고객이 틀리더라도 지적하지 않는다.
5. 자신이 고객보다 잘났다는 태도를 버린다.
6. 자신의 의견이 잘못되었으면 솔직하게 사과한다.

열광하는 충성고객으로 만들어라

고객의 법칙 가운데 '10 · 10 · 10 법칙'이 있다. 이는 "고객 한 분을 모셔 오는데 10불의 비용이 들고, 그 고객을 잃어버리는 데는 10초의 시간이 걸리며, 잃어버린 고객을 다시 모시는 데는 10년의 시간이 필요하다."라는 뜻이다. 그래서 등장한 근래의 고객만족 전략은 다름 아닌 '열광하는 충성고객 만들기'이다.

열광하는 팬은 멋진 매장, 다양한 상품 등의 디지털적 요소보다 직원의 친근한 태도와 감동을 주는 친절성 등의 아날로그적 요소로 생겨난다.

이제 당신에게 열광하는 충성고객을 확보하는 방법을 알아보자.

첫째, 고객에게 상품 외적으로 접근한다. 우리는 대부분 고객에게 "무엇을 도와 드릴까?" 혹은 "고객님, 이것 한번 시식해 보시겠습니까?" 등의 상품적 접근을 많이 하게 된다. 물론 고객에게 올바른 도움과 정보를 제공하는 일은 꼭 필요하다. 그러나 단골고객을 확보하려면 상품적 접근 이전에 사회적 접근, 혹은 인간적인 접근이 필요하다. "어머, 고객님. 휴가 다녀오셨나 봐요? 너무 예쁘게 탔네요." "오늘 많이 덥죠?" "바깥에 비가 많이 오나 봐요?" "쇼핑 많이 하셨네요, 고객님. 힘드시죠?" 등의 말로 관심을 표현해 보라. 고객은 당신에게 왠지 모를 친근함을 느끼게 된다.

둘째, 고객을 기억해 드린다. 고객은 우리가 고객을 기억하고 알아주기를 몹시 기대하고 있다. 고객의 특징, 기억에 남는 일들을 주의 깊게 보고 기억하도록 한다. 기억만 할 것이 아니라 기억한 사실을 고객에게 알려 준다.

"아기가 걷네요? 늘 유모차 타고 다니더니 참 많이 컸네요."

"안녕하세요? 고객님, 오랜만에 나오셨네요. 먼데 다녀오셨어요?"

"지난번에 같이 오신 여자분 따님 맞죠? 따님이 너무 늘씬해서 기억해요."

"어제 사 가신 민어 맛있게 드셨습니까? 오늘은 어떤 것으로 준비해 드릴까요, 고객님?"

이러한 말들로 고객은 늘 관심을 받고 있다는 사실을 알게 되며 고객과 한층 더 가까워지는 계기를 마련한다. 우리가 고객을 기억할 때 고객도 우리를 기억해 준다는 사실을 잊지 말자.

셋째, 고객의 기대보다 1% 더 제공해 드린다. 고객만족은 고객이 기대한 것보다 더 나은 고객응대를 제공받을 때, 또는 고객이 전혀 기대하고 있지 않은 고객응대를 제공받을 때 느끼게 된다. 공평한 고객응대에 만족하는 서양의 고객에 비해 우리나라의 고객은 다른 고객보다 자신에게 좀 더 특별한 고객응대를 기대하는 특징이 있다.

주머니에 사탕을 준비해 두었다가 부모를 따라 쇼핑을 나온 어린이 고객의 손에 사탕을 쥐어 주는 작은 사랑의 고객응대, 오늘 상품을 구입하려는 고객에게 그 상품의 특별할인이 이틀 후에 시작된다는 점을 알려 주는 정보의 고객응대, 고객이 구입하려는 상품의 용도를 물어보고 그것에 적합한 더 좋은 상품을 추천해 주는 구매 도우미 고객응대, 깨끗한 상품이지만 한 번 더 닦은 후 고객에게 공손하게 전달하는 정성의 고객응대 등은 고객의 기대를 1% 앞서가는 고객응대다.

이런 작은 1%는 고객이 느낄 때 우리가 회사를 위해 일하는 사람이기보다 고객에게 진실된 도움을 주는 사람이란 점을 느끼게 하는 것이며 이는 단골고객 확보에서 가장 중요한 점이다.

넷째, 불만고객을 집중 공략한다. 불만을 표현하는 고객은 그 불만이 만족스럽게 해결되었을 때는 오히려 단골고객이 될 확률이 매우 높다. 불만을 적극적으로 표현하는 고객은 대부분 외향적이고 적극적인 성격의 고객이다. 불만고객은 우리가 진심으로 불만을 받아들이고, 문제해결을 위해 노력하는 태도에서 평소에는 볼 수 없었던 진정한 고객응대의 모습을 볼 기회를 가지게 된다. 이런 문제해결 과정을 통해 서로를 더 이해하게 되고 당신의 팬이 탄생하게 되는 것이다.

이제 불만고객을 만나게 되면 이렇게 속으로 외쳐보라.

'와, 또 한 명의 충성고객을 확보하게 되었네!'

쇼핑을 나올 때마다 당신을 찾는 고객, 상품구매에 관해 문제가 생길 때마다 당신을 찾는 고객, 그냥 당신이 보고 싶고 궁금해서 들러 주는 고객이 하나 둘 생겨날 때 당신의 하루는 날로 즐거워진다.

고객감동을 일으키는 애프터서비스

1. 고객 카드를 남긴 분께 감사의 문자를 보낸다.
2. 고객이 미처 알지 못하는 서비스 혜택을 챙겨 드린다.
3. 고객의 얼굴과 서비스 상황을 기억해 고정 고객화한다.
4. 고객의 게시판에 나를 칭찬해 준 고객에 대한 감사의 글을 올린다.
5. 많은 잠재고객이 듣는 라디오 방송에 사연을 편지로 써서 올린다.

펀펀(fun-fun) 서비스

"여보, 오늘은 밥이 특히 맛있네"

S전자에서 임직원 친절교육을 진행하던 중이었다. 3일간의 교육기간 중 첫째 날의 교육을 마치면서 교육생 전원에게 숙제를 내주었다.

"다음날 교육장에 올 때까지 특별한 칭찬 한 가지씩 하고 오기"가 숙제였다. 부드럽고 긍정적인 칭찬에 익숙하지 않은 임원들이라 난감해하였지만 한편 즐거워하기도 하였다.

다음날 교육생 가운데 제일 무뚝뚝해 보였던 김 부장님께 숙제를 어떻게 하였는지 발표를 부탁했다. 그분은 전날 저녁을 먹으면서 칭찬을 해야겠다고 결심하고 식사를 시작하였다고 한다. 이거를 먹어도 별로, 저거도 별로라 칭찬할 것이 하나도 없었다고 한다. 맛이 별로인데 맛있다고 하면 한달 내내 그 반찬만 상에 올라올 것이 염려되어 그렇게 말할 수도 없었다고 한다. 식사를 다 마칠 때쯤 갑자기 기발한 생각이 떠올랐다.

'밥이야 어차피 매일 먹는 것이니 칭찬해도 되겠구나.' 그렇게 생각한 그분은 큰소리로 말했다.

"와, 오늘은 밥이 특히 맛있네? 당신 밥하는 솜씨 하나는 최고야!!"

고객 서비스는 경청에서 시작된다
행동으로 모범을 보여라
고객이 마음에 들 때까지
샘 월튼의 성공 법칙
"고맙습니다"를 외치는 병원
고객만족 경영철학
모두가 리더가 되는 고객만족 리더십
직원을 감동시켜라

Part 03
성공한 리더들이 갖고 있는
고객 경영 마인드

진정한 리더는 격려의 순간을 놓치지 않는다
고객섬김의 선봉에 서라
고객만족 리더는 가슴으로 경영을 한다
저는 그저 '고객 섬김이'입니다
고객이 기뻐하는 것이 내가 존경 받는 길이다
고객만족 1위 기업에 뽑히는 비결
고객은 우리의 선행을 지켜본다
모두를 만족시키는 나눔 경영

고객 서비스는 경청에서 시작된다

　고객만족에 관련된 특강은 행정직을 대상으로 하는 경우가 많아 자주 시청이나 구청을 방문하게 된다. 일산구청 강연에서의 일이다.
　그날 모인 사람들은 공익근무요원들이었다. 강연에 앞서 구청장님의 인사말이 있었다. 대부분 공공기관의 행사는 국기에 대한 경례, 기관장의 인사말, 표창, 강연의 순서로 진행되므로 난 큰 기대 없이 청장님의 인사말을 들었다.
　인사말이 끝난 후 청장님은 부드러운 목소리로 말씀하셨다.
　"제게 건의하고 싶은 사항이 있으면 듣겠습니다. 손을 들고 한 분씩 말씀해 주세요."
　잠시 침묵이 흐른 후 한 명이 손을 들자 여기저기서 손이 올라오기 시작했다. 근 20명에 가까운 사람들이 건의를 하겠다고 나섰다.

청장님은 한 명도 빼지 않고 건의사항을 신중히 들었고, 바로 그 자리에서 지침을 내렸으며 확인이 안 된 사항도 그 자리에서 확인하였다. 참 보기가 좋았다. 그들의 요구가 전부 다 해결이 되지 못한다 해도 그 소리를 경청해 주는 것만으로도 공익근무요원들의 마음은 한결 푸근해지고 있음을 알 수 있었다.

조직의 일선에 있지만 가장 하위직인 공익근무요원의 소리를 진심으로 듣고 문제를 해결하는 청장님. 그들의 애로사항을 알고 싶어하고 그 소리를 직접 듣고자 하는 청장님. 수많은 행정 서비스 현장을 방문한 나로서도 처음 경험한 감동의 순간이었다. 20명의 건의를 듣느라 강연시간이 늦어졌지만 행복한 마음으로 강연을 마칠 수 있었다.

지금 이 글을 읽고 있는 당신은 당신의 가슴에 있는 그 많은 생각과 일들을 진심으로 공감하면서 들어줄 누군가가 있는지. 당신이 말을 하고 싶을 때마다 기꺼이 다가와 그 이야기를 들어 줄 누군가가 있다면 우리의 삶은 충만되지 않을까.

이제 내가 먼저 주변 사람들의 이야기를 잘 들어주는 사람이 되어 보자. 나에게 하고 싶은 말은 없는지 물어보고 내게 요구하고 싶은 것은 없는지 물어보자. 그리고 그들의 말을 귀 기울여 들어주자.

고객만족은 상대의 말을 진심으로 잘 들어주는 것에서 시작된다.

행동으로 모범을 보여라

 선거 때가 가까워지면 갑자기 많은 정치인 후보는 국민의 종이 되겠다고 소리쳐 다짐하고 국민의 소리에 귀 기울여 듣겠노라 약속한다. 자신만이 나라를 구할 인재라며 으름장에 가까운 호소를 하기도 한다. 그러나 선거가 끝나고 나면 국민들은 허무감을 느끼게 된다. 그렇게 나의 손을 잡고 허리를 굽히던 사람이 이젠 저기 머나먼 높은 자리에 머물러 쳐다보기 고개가 아프다.
 종업원 사랑과 고객 행복을 외치는 사장도 가까이 바라보면 고객에 대한 배려보다는 자신의 부와 명예를 먼저 찾는 모습에 실망하는 경우가 많다.
 실천은 행위이다. 생각은 바뀌었지만 몸이 바뀌지 않기 때문에 실천이 어려운 것이다. 그래서 일상에서의 나눔과 배려에 대한 실천은

CEO를 지향하는 사람들의 가장 중요한 일상의 실천 과제 중의 하나인 것이다.

우선 작은 일부터 실천을 해보자. 예를 들면, 음식점에 가면 먼저 방석도 가지런히 놓아 주고 옷도 걸어 주며, 고기도 동료들이 먹기 좋게 가지런히 다듬어서 놓아 주자. 음식점을 나올 때 동료나 부하의 신을 신발장에서 빼어 놓아 주자. 내가 사장인데 어떻게 그런 권위 없는 일을 하느냐고 생각되면 나는 부하 사랑을 말로만 하는 사람임을 인정하는 것이다.

기업의 고객만족 모니터링을 하다 보면 가장 성의 없고 불친절하게 전화를 받는 사람은 대부분 기업의 고위 간부이다. 모니터링 점수를 공개하면 매우 화를 내고 항의를 하는 사람도 간부들이다.

예전 에버랜드의 허태학 사장은 전화예절의 솔선수범으로 유명했다. 직원들에게 교육하는 그대로 사장 자신도 전화를 받았기 때문이다. 밝고 명랑한 톤으로 "안녕하십니까? 에버랜드 허태학입니다."라고 전화를 받았다. 전 직원이 따르지 않을 수 없는 행동실천이다.

이렇게 먼저 행동으로 움직이면 나의 생각과 감정도 몸의 행동에 맞게 변화된다.

"생각이 바뀌면 행동이 바뀌고 행동이 지속되면 습관이 형성된다."는 말을 나는 "행동부터 바뀌면 생각이 바뀌고 그 행동과 생각이 좋은 태도를 낳고 이는 삶을 결정짓는다."로 바꾸겠다. 리더인 당신이 먼저 행동으로 보여 주면 당신을 따르는 모든 이의 행동도 달라질 것은 자명한 일이다.

나의 지위나 권위에 할 수 있는 행동이 아니라는 생각도 들고 내가 이렇게 했다가 무시당하지는 않을지 걱정도 되겠지만 이런 작은 실천들이 모여서 타인의 마음속에 당신의 존재가 크게 각인이 된다.

타인의 가슴속에 자신의 존재가 '러브마크(Love mark)'가 될 수 있는 행동을 실천하라. 사소한 실천이 쌓여서 큰 것을 이뤄낼 수 있다. 당신의 주변 사람에게 말과 행동이 같은 사람으로, 아니 말보다 행동이 더 본받을 만한 사람으로 존경받는 것에 심혈을 기울여라.

서비스인이 가져야 할 세 가지 귀

1. 고객이 말하는 것을 듣는 귀
2. 고객이 말하지 않는 것을 듣는 귀
3. 고객이 말하려 해도 말할 수 없는 것을 듣는 귀

고객이 마음에 들 때까지

노점상에서 시작해 성공한 사람들을 살펴보면 공통점이 있다. 쫄딱 망해 바닥부터 다시 시작하였다는 점이다. 돈도 친구도 다 잃었다. 내가 살아남을 수 있는 곳은 바로 지금 이 거리 노점뿐이고 내가 믿을 수 있는 사람은 지금 내가 만든 호떡을 사 먹는 거리의 고객들이라는 점을 절실히 피부로 깨달았다는 점이다.

서울 중구 무교동 K빌딩 앞. 콘크리트 빌딩들이 밀집한 거리에서 스낵바 안의 1.5평 남짓한 공간을 빵 공장 겸 매장으로 삼아 계란과 햄 등을 넣은 토스트를 팔고 있는 '석봉 토스트'의 김석봉 사장. 그의 경영철학은 '고객이 마음에 들 때까지' 이다.

"제조에서 판매까지 모든 것을 손님 입장에서 생각합니다. 비용이 더 들어도 항상 손님 마음에 들게 준비하면 결국에 손님들이 다시 찾아오곤 하더군요."

김 사장의 손님맞이는 일단 복장에서부터 남다르다. 하얀색 모자에서 앞치마까지 언뜻 보면 호텔 조리사가 직접 출장을 나와 있는 것 같은 분위기이다. 다른 토스트를 파는 노점상의 지치고 지저분한 이미지와는 천양지차이다.

환한 미소에 친절한 인사말은 기본, 눈에 익은 단골고객의 경우 식성까지 기억해 입맛대로 빵을 굽는다. "음식은 청결이 가장 중요하지요. 모든 재료를 매일 직접 씻고 커피 물도 정수기로 걸러내고 우유도 아침마다 새로 구입해 제공하다 보니 손님들이 이곳은 믿고 먹을 수 있다는 신뢰를 갖게 된 것 같습니다." 그가 하는 말 한마디 한마디는 고객의 마음이다.

노점이지만 깨끗한 아침식사를 원하는 고객의 마음을 위해 스낵바는 흰색으로 청결히 만들었다. 간편하면서도 영양가 있는 아침을 원하는 고객의 마음에 들기 위해 신선한 계란, 갓 구운 빵, 우유, 정수된 물로 고객의 신뢰를 쌓았다. 저렴한 아침식사를 원하는 고객의 마음을 천원이라는 가격을 8년간 유지하면서 고객의 사랑을 쌓았다.

그는 이렇게 한 우물을 판 결과 1,000원짜리 토스트를 하루 300개 이상 판매해 연 수입 1억 원 이상을 올리는 억대 소득자가 됐다. 그리고 "석봉 토스트"라는 브랜드로 15개의 체인점을 둔 창업주가 되었다. 이에 그치지 않고 토스트 하나로 중국에 브랜드 수출까지 하기에 이르렀다. 이러한 토스트 신화는 최근 성공 스토리 《석봉 토스트, 연봉 1억 신화》라는 책으로 발간되어 초창기 실패담과 전략으로 승부해 불황시대를 이겨내고 성공하기까지 우여곡절이 많았던 경험담을 나누고 있다.

김 사장은 오전 11시 장사를 끝내면 매일 오후에 고아원이나 양로원, 장애복지관 등을 찾아 불우 어린이들과 노인, 장애인들에게 직접 토스트를 구워주고 때때로 인형극 공연 봉사를 하기도 한다.

"처음 장사를 시작할 때의 어려웠던 시절을 생각한다면 남을 도울 수 있는 위치에 있다는 게 얼마나 큰 기쁨인지 모른다."라고 말하는 김 사장의 생활신조는 고객 사랑과 긍정적 마음이다. IMF 외환위기를 맞으며 처절히 절망했다가 토스트 행상으로 성공한 '석봉 토스트' 김석봉 사장의 성공은 고객을 섬기는 일이 결국 자신에게 성공하는 일로 되돌아온다는 진리를 확인할 수 있어 기쁜 사례다.

Tip

"나 하나쯤이야"의 결과

탈무드에 나오는 이야기이다.

어느 날 왕이 잔치를 베푼다고 알린 후 "잔치에 참석하는 사람들은 각자 포도주를 조금씩 가지고 와서 큰 항아리에 쏟아부어 우리가 하나 된 공동체임을 나타냅시다." 하고 말했다.

드디어 잔칫날 참석자들은 가지고 온 포도주를 큰 항아리에 쏟아부었다. 흐뭇한 표정으로 포도주 맛을 보던 왕은 크게 당황하였다. 그 포도주는 색깔만 비슷할 뿐 거의 물이었다. '나 하나쯤이야.' 하고 대부분의 참석자들이 물을 탄 포도주를 가지고 온 것이었다.

고객만족과 친절 서비스도 마찬가지다. '나 하나쯤이야.' 하는 마음이 불만고객을 만든다. '나부터'란 마음으로 고객만족을 실천할 때이다.

샘 월튼의 성공 법칙

　샘 월튼은 세계 역사상 가장 성공적인 사업가라는 데 이의를 다는 사람은 없다. 그는 월마트를 창업했고 월마트를 세계에서 가장 큰 할인점으로 성장시켰다.

　아칸소 주의 한 작은 타운에서 아무 것도 없이 월마트를 개점하여 사업을 시작한 후 40년 동안 벤톤빌과 아칸소 지방에서만 살았던 그가 세계에서 가장 큰 성공적인 회사를 만들었다는 사실은 놀랍고 경이로운 업적이다.

　늘 허름한 옷차림에 보잘것없는 회장실에서 근무했던 그는 매일 아침 보통사람들과 함께 지역 호텔에서 식사를 했고, 25센트를 아끼기 위해 신문을 빌려서 읽었다.

　인생의 마지막 해, 샘 월튼은 골육종(osteosarcoma)으로 곧 자신이 사망하게 될 것을 알고 있었다. 그래서 샘 월튼은 그의 전 생애에 걸친 경험을 기반으로 10가지 성공 법칙을 남겼다. 실제로 샘 월튼은 그가 말하는 10가지 성공 법칙을 그의 일생 동안 예외 없이 적용했고 성공으로 보답 받았다.

샘 월튼의 10가지 성공 법칙은 다음과 같다.

❶ 성공에 필요한 것을 행하라. 그리고 항상 열정을 가져라.
❷ 성공에 도움을 준 사람들과 성공의 과실을 나눠라.
❸ 꿈을 이루기 위해 자신과 상대방에게 동기를 부여하라.
❹ 항상 사람들과 의사소통하고 당신이 관심을 가지고 있음을 보여줘라.
❺ 종업원의 노력과 그 결과를 인정하라.
❻ 자신의 성과와 팀의 성과를 축하하라.
❼ 다른 사람에게 귀를 기울이고 그들의 아이디어를 얻어라.
❽ 기대를 초월하는 방법을 찾아라.
❾ 비용을 조정하라.
❿ 강을 거슬러 수영하라 – 차별화하라, 현재에 도전하라.

자신에게는 뜨거운 열정과 높은 목표를 주고, 직원에게는 성공의 결과를 주라는 것으로 요약되는 그의 성공 법칙은 바로 고객만족 경영이다.

샘 월튼이 처음 가게의 문을 연 월마트 1호점의 매출은 형편이 없었다. 손님은 점점 줄어들었고 직원들은 한숨을 쉬고 있었다. 사방에서

몰려드는 위기를 극복할 방안이 묘연했다. 고민하던 샘은 평소 직원을 부르던 방식대로 직원들을 불러 모았다.

"어이, 나의 동료들!"

퇴근하려던 점원들이 하나 둘 모이자 샘은 이야기를 시작했다.

"난 말이야. 어렸을 때부터 장사를 아주 좋아했지. 대공황 때는 우유장사를 하기도 했어. 아침이면 일찍 일어나 소젖을 짰고, 어머니는 우유를 병에 담아 주셨어. 그러면 오후에 나는 우유를 배달했지. 그때 내 고객은 불과 열두 명이었다네."

"열두 명이었다네." 이 말에 어느새 그를 빙 둘러싸고 앉아 있던 점원들이 웃음을 터뜨렸다. "비록 열두 명이었지만 내가 진심으로 친절하게 대하자 점점 소문이 퍼지기 시작했고, 나중에는 우리 동네 사람들 거의 대부분이 내가 파는 우유를 먹게 됐다네."

샘 월튼은 직원들을 동료라고 부른 최초의 사장이었다. 직원들에게 친절하라고 명령하지 않았다. 자신의 경험을 직원들에게 들려 주면서 동기를 북돋워 준 것이다. 지금 손님이 적어도 우리가 진심으로 손님을 대하면 손님이 우리의 진심을 알아 줄 것이라는 고객만족 경영의 철학을 이야기한 것이다. 이러한 부드러운 리더십은 직원들의 자발적인 열정을 불러일으켰다.

전 세계 5천 개 매장에 130만 명의 직원들을 거느리고 인공위성을 이용하여 매장을 관리하는 첨단 시스템을 업계 최초로 도입한 월마트를 설립하고 키운 샘 월튼. 그는 가족과 지역주민 그리고 직원들에게 항상 "동료"라고 말했다. 모두를 가족으로 여기겠다는 표시로 호칭을 '동료'로 정한 샘 월튼은 참으로 앞서가는 경영인이라 할 수 있다.

이에 보답하듯 월마트의 종업원들은 샘의 이런 인간적인 면들을 존경하고 신뢰하였다. 직원들은 회장과 상하관계가 아닌 동료의 관계로 월마트의 일을 대하였다. 월마트 종업원들의 열정은 바로 회장의 고객 만족 마인드와 부드러운 리더십에서 비롯된 것이다.

1992년 샘 월튼이 세상을 떠났을 때 종업원들은 눈물을 흘리며 믿을 만한 동료인 '미스터 샘'을 잃었다며 슬퍼하였다.

"고맙습니다"를 외치는 병원

　병원에서 "고맙습니다"라는 인사를 받는다고 상상해 보자. 기분이 어떤가? 어떤 사람은 기분 나쁘게 생각될 수도 있을 것이다. '몸이 아파 병원에 왔는데 고맙다니, 내가 아픈 것이 병원에 이익이 되니까 고맙다는 말인가.'라는 생각이 들 수 있을 것이다.

　안동병원은 모든 인사를 "고맙습니다"로 시작하고 끝낸다. 고객을 섬기는 마음을 단 한마디의 인사말로 표현한 것이 바로 "고맙습니다"이기 때문에 안동병원 의사와 간호사는 항상 "고맙습니다"를 외치고 또 외친다. 하루 한 시간씩 병원 바깥의 대로에 서서 잠재된 미래의 고객을 향해 "고맙습니다"를 외치는 모습은 이제 안동의 일상적인 모습이 되었다. 이는 인사가 내면과 행동의 혁신을 불러일으키는 원동력이 되었음을 안동병원의 경영혁신의 사례에서 알 수 있다.

의사도 아닌 강 이사장이 안동병원을 설립한 것은 1982년 5월. 병원을 세우기만 하면 돈을 벌 수 있고 경영을 잘 할 수 있을 것으로 생각했으나 생각처럼 쉽지 않았다. 적자는 눈덩이처럼 쌓여 부도 위기에 몰렸고, 직원을 감원해 위기를 탈출하려고 했지만 병원이 망한다는 소문이 나자 입원 환자들이 하나 둘 떠나기 시작했다.

강 이사장은 경영의 위기에서 최후의 수단을 찾아냈다. 그것은 바로 사람이었다. 이 세상에서 품질의 차이가 가장 심한 것은 제품이 아닌 사람이다. 그는 사람에 따라 기술, 서비스 능력, 품질의 차이가 난다고 믿고 사람, 즉 의사를 변화시켜 병원을 회생시키기로 결심했다.

강 이사장은 MK 택시의 '인사하기 방식'을 도입했다. 매일 한 시간의 강도 높은 인사 교육은 엄청난 직원의 반대에 부딪쳤다. 전근대적 방법이라며 사표를 내는 직원도 속출하였고, 권위를 생명으로 여기는 의사들은 더욱 불만이 높았다. 의사를 택시기사 취급한다는 비난도 쏟아졌다.

그럼에도 그는 "함께 노력하자. 투명하게 경영할 것이며 수익이 늘면 그만큼 성과급으로 배분하겠다."며 집념을 갖고 간부들을 설득하기 시작했다.

드디어 그의 끈질긴 설득 끝에 "고맙습니다."라고 인사하는 직원이 늘기 시작했다. 인사는 친절을 낳았고 '친절한 병원'이란 소문은 금세 퍼졌다. 환자가 붐비기 시작했고 매출이 30%가량 늘자 급여도 25% 올렸다.

서비스를 더욱 차별화하기 위해 외환위기가 되자 강 이사장은 한국 최초로 전문의를 응급실에 배치했다. 24시간 전문의의 진료를 받을 수 있는 병원은 큰 반향을 몰고 왔다. 입원했던 환자가 퇴원하면 집으로 방문해 진료를 해 주는 애프터 진료를 실시했고, 병원에서 사망한 사람들을 위해 합동위령제도 도입했다. 죽음에 이른 분들에 대한 책임을 마음으로 표현하는 위령제는 고객의 마음을 움직였다. 지금도 안동병원에서는 직원들이 순번제로 고객에게 음료를 대접하는 봉사를 한다.

누구라도 "고맙습니다"라는 인사는 언제든지 들을 수 있다. 적자 투성이었던 안동병원은 이제 서울을 제외하고 전국에서 병상 수가 가장 많은 흑자 병원으로 멋지게 변모했다.

"고맙습니다", "건강하세요"라고 인사하는 안동병원을 배우기 위해 오늘도 전국의 많은 병원 관계자들은 안동을 찾고 있다.

고객에게 해 드리면 좋은 말

마음을 넓고 깊게 해주는 말 … "미안합니다"
겸손한 인격의 탑을 쌓는 말 … "감사합니다"
날마다 새롭고 감미로운 말 … "어서 오십시오"
화해와 평화를 이루는 말 … "제가 잘못했습니다"
세상에서 가장 귀한 보배로운 말 … "고객님, 사랑합니다"
봄비처럼 사람을 쑥쑥 키워주는 말 … "고객님 생각은 어떠신지요?"
언제든 모든 날들을 새로워지게 하는 말 … "행복한 하루 되세요"

고객만족 경영철학

핀란드는 세계적인 IT 강국이며 1906년 유럽 최초로 여성에게 투표권을 부여한 나라로서 여성의 사회 참여율이 세계 최고 수준의 나라이다. 그리고 핀란드는 인도네시아보다도 나무를 많이 생산해서 수출하는 나라이기도 하다. 주로 자작나무를 생산하는데 자작나무는 묘목을 심은 후 30년이 지나야 수확이 가능한 장기 사업이다.

이런 나무를 키우는 주체는 영세한 농민들로 대부분 1,000평 남짓의 땅을 소유한 사람들이다. 반면 나무를 구입하는 주체는 굴지의 다국적기업들이다. 이들은 일 년에 한두 차례씩 협상을 한다. 영세한 농민들과 다국적 기업 간의 협상이지만 협상은 철저한 'win-win'으로 이루어진다.

대기업은 영세농민을 약자로 다루어 힘의 논리로 혹은 금전적 압력으로 협상을 대기업에 유리하게 이끌지 않는다. 영세농민이 망하면 자신들의 사업도 다시 묘목이 원목으로 자랄 때까지 30년을 곤경에 처할 것이라는 사실을 알기 때문이다. 농민도 마찬가지로 대기업의 국제 경쟁력까지 고려해 협상에 임한다. 그들이 경쟁력을 잃게 되면 그 피해는 결국 자신들에게 돌아온다는 점을 잘 알고 있기 때문이다.

비즈니스는 냉혹하다는 사실을 모르는 경영자는 없다. 그들은 늘 회계장부를 살펴본다. 경영의 최종목표는 이익의 실현이기 때문이다. 그러나 그 이익이 파트너의 이익에서 혹은 하청업체의 이익에서, 때로는 고객이 가져야 할 이익에서 나의 이익을 취하려 할 때 단기적 이익은 얻을지 모르지만 장기적으로는 그 손해가 자신에게 온다는 사실을 아는 것이 바로 고객만족 경영철학이다.

"5 - 3 = 2, 2 + 2 = 4"의 고객만족 법칙

사회생활에서 아무리 오(5)해가 생겨도 세(3) 번만 다시 생각하면 이(2)해가 되며, 이(2)해하고 또 이(2)해하다 보면 사(4)랑 하는 마음이 생기게 된다.
힘들고 되풀이되는 직장생활에서 고객과 좋은 관계를 맺기 위한 지혜로운 계산법이다. "5 - 3 = 2, 2 + 2 = 4"의 법칙은 고객이 오해를 하거나 고객을 사랑하는 마음이 흔들릴 때 잊지 말고 실천해야 할 고객만족의 법칙이다.

모두가 리더가 되는 고객만족 리더십

수년 전만 해도 대부분의 사회 구성은 수직적 관계로 이루어졌다. 가정의 모습도 아버지의 지시와 명령을 아내나 자녀가 따르는 것이 마땅하였다. 자녀도 태어난 순서대로 상하가 완벽히 존재했다. 학교의 모습도 선생님의 권위에 누구도 이의를 제기하지 않았다. 선배의 말은 무조건 복종해야 좋은 후배로 여겨졌다.

사회의 모습도 마찬가지였다. 어디서나 서열을 정하기 위해 서로의 나이를 묻고, 학교의 학번을 물었다. 몇 명이 모여도 회장을 뽑아 서열을 정해야 일이 진행되었다. 그런 관계에서는 서열이 낮은 사람은 아무 결정권이 없다. 하라면 하고 시키면 따르면 되었다. 일견 그러한 지배의 리더십은 한 사람의 결정에 전체가 일사불란하게 움직이기 때문에 일이 순조롭게 되어 가는 듯 보이지만 다양한 발전의 기회를 잃어

버리는 결과를 낳기 쉬웠다. 모든 지식과 정보는 지배하고 있는 리더가 가지고 있었기 때문에 하위 관계에 있는 자는 더 나은 의견을 내놓을 능력도 기회도 없었다.

그러나 시대가 바뀌어 지식이 독점되는 사회에서 지식이 공유되는 디지털 사회가 되었다. 젊은 세대는 더 이상 지배의 리더십에 순응하지 않았고, 지도자가 가진 지식과 정보는 지도자만의 정보가 아닌 세상이 되었다. 잘못된 것에 거부를 표하고 원치 않는 것에 의견을 내어 놓기 시작했다.

새로운 세대는 개인의 개성을 억압하는 모든 제도에 제동을 걸기 시작했다. 이전 세대는 지배의 리더십 이외 어떤 대안도 가지지 못한 상태에서 새로운 세대의 도전에 직면했다. 학생은 강요되는 종교교육을 거부하고 복장이나 두발의 자유화를 요구하기도 했다.

지배의 리더십 시대에 억압 받았던 노동자도 자신의 권리를 거칠게 쏟아내기 시작했다. 노동자는 기업과 함께 가는 상생의 존재로 인정받기를 원했다. 기업은 더 이상 직위나 권한에 의존하는 리더십으로는 기업을 이끌 수 없다는 사실을 느끼기 시작했다. 조직의 구성원들 한 명 한 명을 받들어 높여 그들이 스스로 높은 수준의 목표를 정하고 이루어 나갈 수 있도록 지도자는 그들을 뒷받침 해주고 그들의 어려움을 해결해 주는 새로운 리더십이 필요하게 되었다. 즉, 모두가 리더가 될 수 있는 조직을 이끄는 리더십이 바로 고객만족의 리더십이다.

조직 개개인의 의견과 고충을 경청하고 그들이 목적한 바대로 이룰 수 있도록 지원하는 리더십은, 목표 달성의 방법과 문제 해결의 방법을 리더가 가지고 있는 것이 아니라 조직 구성원 개개인이 이미 가지고 있다는 믿음에서 출발한다. 조직원의 무한한 잠재력을 일깨우고 성장시킬 때 조직의 무한한 발전이 가능하고 그런 조직이 스스로 리더가 되어 고객을 만족시킬 때 기업과 조직이 성공한다는 믿음이 고객만족의 리더십이다.

리더는 결정할 필요도 없고 해서도 안 된다. 고객만족 리더는 조직 구성원의 능력을 꺼내고 그것을 하나로 모아 힘을 발휘하게끔 도와 줄 뿐이다. 그렇게 이루어진 리더와 구성원 간의 신뢰는 조직을 강하게 만들며 더 높은 목표를 달성 가능하게 만든다. 구성원 전체가 리더가 되어 앞으로 달리는 조직, 그 뒤에서 격려와 믿음을 주며 섬기는 리더가 있는 조직의 힘은 무한대로 뻗어 나갈 것이다.

고객만족 리더는 이미 리더 자신이 충만되게 차고 넘치는 실력과 지식 그리고 인격과 품위를 가지고 있기 때문에 조직원과 고객으로부터 존경을 받게 된다. 새로운 시대의 리더는 고객과 조직원을 섬겨 받드는 리더의 시대이다.

직원을 감동시켜라

요즘 기업마다 직원을 행복하게 만드는 감동 프로젝트가 유행처럼 번지고 있다. 하늘같이 높기만 한 CEO들이 몸을 낮춰 직원들의 행복을 위해 몸소 나서고 있는 것이다. 기업의 사장이 매출을 올리는 것이 아니라 직원 한 명 한 명이 매출을 올려주고 있다는 사실과 더불어 직원이 행복하지 않으면 고객이 행복하지 않고, 고객이 행복하지 않으면 기업의 행복도 없다는 데서 직원 행복의 중요성이 부각되고 있는 것이다.

KT 남중수 사장은 직원 행복을 위해 스스로 권위의 옷을 벗었다. 칵테일 쇼와 불 쇼를 배워 직원들 앞에서 연출하여 이색적인 방법으로 직원의 사기를 높이는 CEO의 모습을 보여줬다. 최근엔 이메일 경영으로 직원 한 사람 한 사람에게 메일을 보내 시간과 공간에 구애 없이

다가가려는 노력을 한다.

　부동산 개발업을 하는 '신영'에서는 회의 때 자리배치가 이채롭다. 연공서열에 따르거나 직급에 따라 자리를 앉는 기존의 방식은 형식적이고 지배적인 회의만 나올 뿐 부드럽고 자연스러운 회의가 되지 않는다는 점에 착안해 회의 시 자리배치는 매번 제비뽑기를 통해 정한다. 그 과정이 재미도 있고 분위기가 한결 부드러워 자연스러운 토론으로 이어진다고 한다.

　삼성 SDI는 신규 인력을 위한 감동 프로그램인 '아이 필 에스디아이(I Feel SDI)'를 실행하고 있다. 부서에 신입사원의 배치가 결정되면 첫 출근 일주일 전부터 부서에서는 신입사원맞이를 시작한다. 책상 배치와 컴퓨터는 기본이고 전화, 사무용품, 명함을 미리 신청해 책상에 준비해 두고 사원증과 회사생활에 필요한 기타 서류를 모두 미리 준비한다. 출근 당일에는 예쁜 꽃다발을 준비하고 환영의 글들을 써 첫 출근에 긴장한 신입사원을 진심으로 환영하는 행사를 한다. 출근하는 첫날 선배들의 따뜻한 배려와 환영은 평생 잊지 못할 직장의 추억이 되고 이런 감동은 선배의 업무를 진심으로 돕고 회사를 사랑하게 되는 계기로 작용한다.

　LG전자 구미공장의 '미션 임파서블' 이벤트도 재미있다. 영화에서 소재를 따온 이 이벤트는 상사의 부하 사랑을 실천해 상하관계에 사랑과 신뢰가 쌓이게 만드는 효과를 얻게 한다. 매달 무작위로 선정한 임직원들에게 이메일로 '임무'를 부여하고 그 수행 결과를 보고하게 되는데, 지령을 받은 직원은 부여받은 임무를 완수해야 한다. 팀장과 파트 리더에게 편지쓰기, 팀 전원이 영화보기, 직원 세 번 웃기기 등 다양하게 진행되며 직원들은 매달 누가 그 임무를 부여받은 임직원인지 궁금해하고 또 어떤 방법으로 진행될 것인지에 대한 기대로 업무 분위기가 늘 활기 있고 즐겁게 변화했다고 한다.

기업의 직원 만족은 그 대상이 직원에서 직원가족에까지 이른다. 직원이 회사에서 상을 받게 되면 수상식 때 부부가 함께 단상에 올라 수상은 부인이 혹은 남편이 받도록 해 직원의 노고 뒤에서 뒷바라지하는 가족에 대한 감사를 표한다.

한국P&G는 직원들이 1박 이상의 출장이나 회의, 교육을 떠나면 가족들을 대신 떠맡는다. 어린애가 있는 여성 직원이나 몸이 불편한 부모를 모시고 있는 직원들이 출장을 가면 탁아 비용이나 간병 비용을 회사가 지원한다. 이를 통해 직원은 물론 직원의 가족, 고객과 투자자에게 신뢰와 자부심, 행복을 주면 조직의 활성화로 이어져 생산성과 매출이 극대화되는 요인이 된다.

이제 기업은 직원과 직원 가족의 행복과 활력 있는 삶이 빼놓을 수 없는 경쟁력의 한 요소가 되어 가고 있음을 점차 깨닫고 있다.

진정한 리더는 격려의 순간을 놓치지 않는다

중국에 "어려운 사람에게 연탄 한 장을 보낼지언정 풍족한 사람에게는 금은보화를 선물하지 마라."는 속담이 있다. 그러나 대부분 이와 반대로 행동하기 쉬운 것이 사람의 마음이다. 상대의 지위가 높을수록 좋은 선물을 하게 되고 그렇지 않은 경우 소홀하기가 쉽다. "재상이 죽은 초상집보다 재상의 개가 죽은 초상집에 조문객이 많다."는 우스갯말이 있지 않은가.

얼마 전 만난 한 대기업 임원은 결혼할 때까지 직장을 그만두지 말아달라고 부탁하는 딸로 인해 몇 년을 더 버텨야 한다며 쓸쓸한 표정을 지었다.

퇴직하기 전에는 연말마다 선물과 연하장이 끊이지 않고 인사를 오는 사람도 많았던 사장이 있었다. 그러나 퇴직하자 그렇게 충성을 맹

세하던 부하들은 발길을 끊고 새해가 되어도 찾아오는 이가 없었다. 쓸쓸히 명절을 지내던 사장에게 옛 부하 직원 한 명이 찾아왔다. 재직 시 잘 대해주지도 않고 중하게 여기지도 않았던 부하 직원이 찾아오자 그는 매우 놀랐고 감동하였다. 공교롭게 3년 뒤 사장은 같은 회사의 고문으로 초빙되었고 그는 자신을 찾아왔던 그 직원에게 중요한 직책을 맡기게 되었다. 자신에게 아무런 힘이 없을 때 찾아 주었던 그 직원의 배려는 심지가 굳고 변하지 않는 사람이라는 믿음을 주었고 기회가 되면 꼭 보답하려 다짐했다고 한다.

한 사령관이 비리에 연루되었다는 혐의를 받고 옷을 벗었다. 그 후 1년도 되지 않아 그 전 사령관은 딸의 혼사를 치르게 되었다. 사령관은 자신을 보좌했던 부관들 및 인연을 쌓았던 동료들에게 청첩장을 보냈다. 그러나 청첩장을 받은 사람들은 고민에 빠졌다. 과연 이 결혼식에 참석하는 것이 본인에게 득이 될 것인지 실이 될 것인지 판단하기 어려웠기 때문이다. 사람들은 축하는커녕 어떤 좋은 핑계로 그 자리를 모면할지 궁리하기만 하였다.

결혼식 당일 축하객으로 참석한 사람은 초청받은 부하들의 아내들이었다. 부하들은 궁리 끝에 자신의 아내를 먼저 보내 분위기를 파악한 후 가야 할 자리인지 가지 말아야 할 자리인지를 판단했다. 약속이나 한 듯이 아내들만 참석한 결혼식장의 분위기는 어색할 뿐이었다.

자신이 어려울 때 물질로, 마음으로 도와준 사람은 평생 잊지 못한다. 나는 내가 어려울 때 도와줬던 사람들 이야기를 자녀에게 자주 한다. 나도 은혜를 갚겠지만 네가 이어서 갚아야 한다고 말해 준다. 그 사람들이나 그의 자녀가 어려우면 반드시 네가 도와줘야 한다고 다짐을 받는다. 나는 나에게 기회를 주었던 많은 사람들을 기억하며 자주 그들의 행복을 기원해 준다. 특히 어려울 때 믿어 주고 길을 열어 주었던 사람들, 말 한마디 따뜻하게 건네주었던 사람들, 나의 이야기에 귀 기울여 들어주었던 사람들을 결코 잊지 못한다. 끊임없이 마음으로 그 사람들의 건강과 행복을 기도한다.

칭찬은 잘하는 사람에게 주는 선물이고, 격려는 실패한 사람에게 주는 선물이다. 훌륭한 리더는 칭찬도 잘 하지만 격려를 더 잘하는 사람이다.

부하가 어려울 때 제일 먼저 달려가 위로를 하자. 믿었던 사람이 실수를 했을 때 격려를 하자. 기대보다 더 큰 관심과 사랑을 받은 그 사람은 반드시 당신에게 감동으로 보답할 것이다.

고객섬김의 선봉에 서라

오래 전 살던 아파트 같은 층에 버스회사 임원이 살고 있었다. 어느 날 아파트 엘리베이터에서 만난 그는 내게 느닷없는 질문을 하였다.

"도대체 기사들이 인사도 잘하고 친절하게 만들고 싶은데 아무리 말해도 듣지도 않고…… 어떻게 하면 좋겠습니까?" 고민하는 모습이 역력했지만 나는 당황스러웠다.

잠시 뜸을 들인 후 "오랜 시간 동안 길들여진 습관이 몇 마디 말로 쉽게 달라지겠습니까? 인내를 가지고 꾸준히 교육하셔야 합니다. 중요한 것은 기사분들이 친절한 대접을 받는 경험을 할 수 있도록 윗분들이 먼저 친절을 실천하고 모범을 보이시지요."라고 말하고 먼저 엘리베이터를 나섰다.

나는 그의 한마디 말에서 드러나는 지배적 언어들에 마음이 무거웠

다. '기사들…… 인사도 안하고…… 친절하게 만들고 싶은데…… 듣지도 않고……'

그 후 한 달쯤 지나 우연히 TV에서 그를 보게 되었다. 가슴에 커다랗게 띠를 두르고 서비스 캠페인을 벌이고 있었다. 버스회사 임직원이 전부 동원되어 버스를 이용하는 승객이 버스를 탈 때마다 90도로 인사를 하며 '어서 오십시오', '안녕하십니까!'를 외치고 있었다. 나는 TV를 보며 그 상무님이 했던 말과 고압적인 이미지 그리고 어울리지 않는 자사 홍보성 친절 캠페인을 보고 있자니 씁쓸한 마음이 들었다.

그로부터 몇 년 후 IMF를 맞아 그는 그 버스회사의 사장이 되었다는 소식을 들었다.

사장이 되자 어려운 IMF 상황을 맞이한 그는 예전의 임원의 자세와는 근본적으로 달랐다. 이 상황을 극복하는 방법은 전 직원이 하나가 되어 회사를 살리는 데 전력을 다하는 길뿐이라는 생각을 했다. 그러기 위해 사장부터 변화된 모습을 보여 줄 필요가 있다는 데 생각이 미쳤다.

그는 새벽같이 일어나 회사로 나갔다. 그리고 한 대, 두 대 회사의 버스가 운행을 시작하자 그는 업무를 시작하는 기사를 향해 버스에 90도 인사를 하기 시작했다. 그리고 마주치는 모든 직원에게 밝고 친절하게 인사를 건네기 시작했다. 처음 기사들의 반응은 차가웠다. '며칠 저러다 말겠지', '연극하고 있네, 언제까지 하나 두고 보자', '무슨 속셈이야?'라며 오히려 시큰둥하기만 했다.

며칠이 지나자 그 회사의 임원들은 아침에 잠자기가 불편해졌다. 매일같이 새벽에 사장이 출근해 기사에게 인사를 하고 있다는 소문이 났기 때문이었다. 사장은 누구에게도 말한 적이 없지만 임원들은 한 명, 두 명 새벽에 회사로 출근하기 시작했다. 사장 옆에 서서 일을 시작하는 기사에게 잘 다녀오라는 인사를 하기 시작한 것이다. 한 달이 지나자 회사 전체의 임직원은 약속이나 한듯이 운행하는 기사에 대한 인사를 하기 시작했다. 사장이 누구에게나 깍듯이 인사를 하자 하나 둘 인사를 하는 기사도 생겨났다. 조금씩 변화하기 시작한 것이다.

어느 날 사장이 여느 날처럼 새벽 전송인사를 하고 있을 때 한 기사가 다가와 말을 걸었다. "사장님, 우리 인사 잘 하겠습니다. 사장님 건강이 염려가 돼서요. 더 중요한 일 하셔야 하니 이제 그만 나오셔도 되겠습니다. 감사하기도 하지만 불편하기도 합니다."라며 사장의 손에 따뜻한 차를 건네주는 것이었다.

실제 그날 이후 기사들은 너무나 자연스럽게 탑승하는 승객을 향해 인사를 건네기 시작했다. 또한 기사들의 안전운행 수치가 현저히 올라갔다. 사고율도 적었고 운행시간도 적절히 배분되고 있었다. 사장은 그러한 결과에 매우 만족하였다. 기사들의 그런 노력에 보답해야겠다고 생각한 사장은 큰돈을 들여 기사들이 입는 유니폼을 항공기 조종사의 복장처럼 멋지게 맞춰 지급하였다. 자신의 모습이 멋지게 보이자 기사들은 더욱 자신 있고 즐겁게 일하게 되었고, 회사로 "기사들이 멋지다," "웃으며 인사하는 기사 덕분에 하루가 즐겁다"는 승객들의 칭찬의 소리가 점점 많이 들리게 되었다.

말로 지시하지 않아도 따르고 싶어지는 마음이 들게 하는 말없는 움직임이 바로 고객만족 리더십이다. 고속버스나 마을버스를 이용할 때 꼭 한번 시험을 해 보기 바란다. 버스에서 내리면서 조금 큰 목소리로 인사를 해보라. 반드시 뒷사람이 따라 인사를 하는 것을 보게 될 것이다. 이렇게 고객만족은 전염이 된다.

부정적 마음을 긍정적으로 바꾸는 방법

지불해야 할 세금이 있다면 그건 나에게 직장이 있다는 것이고, 파티를 하고 나서 치워야 할 게 너무 많다면 그건 친구들과 즐거운 시간을 보냈다는 것이고, 옷이 몸에 조금 낀다면 그건 잘 먹고 잘 살고 있다는 것이고, 깎아야 할 잔디, 닦아야 할 유리창, 고쳐야 할 하수구가 있다면 그건 나에게 집이 있다는 것이고, 정부에 대한 불평불만의 소리가 많이 들리면 그건 언론의 자유가 있다는 것이고, 몸이 뻐근하고 피로하다면 그건 내가 열심히 일했다는 것이고, 이메일이 너무 많이 쏟아진다면 그건 나를 생각하는 사람들이 그만큼 많다는 것이다.

고객만족 리더는 가슴으로 경영을 한다

　리더들이라면 누구나 말은 그럴듯하게 한다. 국민을 존경한다는 의원님부터 회사직원을 가족처럼 사랑한다는 사장님까지 모두 받들겠노라 다짐을 하지만 실천을 하고 있는 리더는 적다. 그것은 근본적인 인간존중의 정신이 뿌리 깊게 자리 잡고 있지 않기 때문이다. 그러한 리더들은 이해관계가 생기게 되면 이중의 잣대로 국민이 혹은 사원이 나를 받들어야 한다는 입장으로 국민을 지배하려 하거나 직원을 부리는 형태로 바뀌게 된다.

　어떤 경우에나 '사랑으로 대해야 문제가 해결된다.'는 철학을 가지고 있을 때 리더에 대한 신뢰가 확고히 생기게 된다. '사람에 대한 따뜻한 사랑'을 가지고 있고 그것을 경영의 일환으로 지속적인 사랑을 실천하는 리더는 분명한 지지와 신뢰 그리고 존경을 받는다. 그것뿐만 아니라 그런 사랑의 보답으로 회사에 대한 충성과 어려운 과제에 대한 목표의식이 생겨나는 현상을 보게 된다. 즉, 나라나 회사가 나의 것이라는 주인의식이 생기게 되는 것이다. 리더를 위해서 할 수 없이 하는 일과 스스로 찾아서 즐겁게 하는 일의 성과는 엄청나게 다르다.

사우스 웨스트 항공의 허브 켈러허 회장은 이런 리더십의 시스템을 정확히 꿰뚫고 있다. 직원의 급여 및 전체 처우가 다른 항공사에 비해 좋지 않음에도 불구하고 사우스 웨스트의 직원은 늘 밝고 즐겁게 일하며 독특한 형태의 새로운 서비스를 창출해 고객만족 경영을 이루어 내고 있다. 전체 직원이 주주이기도 하지만 9·11 테러 사건으로 항공업계가 엄청난 불황을 겪을 때에도 단 한 명의 감원이나 감봉을 하지 않았다. 이러한 리더의 직원 사랑에 대한 보답으로 항공유류비가 올랐을 때 직원 스스로 감봉을 결정해 회사에 도움을 주려 한 사건은 고객만족 리더십의 힘을 느낄 수 있는 사례이다.

직원을 정해진 틀에 넣어 관리 지배하는 대신 직원을 믿고 그들의 창의력을 높이 사는 리더십으로 직원들은 내 일터가 바로 내 집이라는 애착을 가지게 되는 것이다.

실제 사우스 웨스트의 직원들은 서로 잘 돕는다. 승무원이 발권업무도 기꺼이 하며 승무원의 무거운 짐을 조종사가 도와주기도 한다.

고객이 즐거워야 한다는 큰 비전을 제시하는 것은 리더지만, 그것을 세부적으로 실천하는 사람은 직원이다. 상황에 맞게 적절히 직원의 판단으로 고객의 행복과 안전을 제공하고 그 모든 것에 대한 지지를 회사에서 한다는 역발상의 리더십이 바로 고객만족 리더십이다.

사우스 웨스트의 승무원들은 자유롭게 업무를 한다. 바쁘면 과자를 나누어 주는 서비스를 승객에게 시키기도 하고, 기분이 좋으면 기내 마이크를 잡고 노래를 부르기도 한다. 비행기가 도착하면 복도를 뛰어다니면서 박수치고 안전하게 도착한 점을 자축하기도 한다.

방송도 기지 넘치게 한다. 비상시의 안내방송을 "산소 마스크가 떨어졌을 때 본인 먼저 끼고 나머지는 살 가능성 있는 사람부터 끼워 주세요."라고 방송을 하거나, 금연 안내방송을 "비행기 날개 위 흡연 라운지에서 피우십시오. 지금 라운지에서 〈바람과 함께 사라지다〉 영화가 상영 중이오니 많은 이용 바랍니다."라고 방송한다.

리더가 되고 싶은 사람은 인간을 존중하는 마음을 깊게 가질 일이다. 직원은 부리는 존재가 아니라 가장 높은 곳에서 기업의 존재이유인 수익창출을 이루어 내는 결정적 존재로 리더 자신이 그들을 받들어야 한다는 사실을 받아들일 일이다. 그리고 리더가 조직원들의 요구와 바람을 가슴으로 느끼며 진정으로 그 문제를 나의 것으로 받아들일 때 놀라운 조직의 힘이 발휘된다.

고객만족 경영을 하는 리더는 사람을 사랑한다. 또한 사랑하는 사람의 가슴을 따뜻하게 만드는 일을 한다.

저는 그저 '고객 섬김이'입니다

한국능률협회 컨설팅 주관 대한민국 고객만족 경영대상 시상식에서 5년 연속 종합부문 대상을 차지한 KTF 조영주 사장은 "저를 CEO(최고경영자)가 아닌 CSO(Chief Servant Officer, 고객 섬김이)로 불러주세요."라고 말한다. 자신을 이렇게 소개하며 스스로 섬김 경영 다짐을 하는 것이다.

고객만족이란 시대의 흐름에 빠르게 발맞추지 않으면 기업의 존재 이유인 고객이 사라지고, 사라진 고객을 다시 잡기란 불가능에 가깝다는 경영진의 위기의식에서 출발한다.

2004년 도입된 번호이동성 제도는 KTF의 고객에 대한 분명한 태도를 결정하지 않으면 안 되었다. 고객들은 타사에 비해 KTF에 대한 충성도가 없었다. 빠져 나가는 고객에 비해 새로 유입되는 고객의 수가 적었다. 왜 고객이 KTF를 선택해야 하는가에 대한 분명한 이유를 제공하는 차별화된 서비스가 절실한 순간이었다.

이런 새로운 제도에 대한 고민으로 출발한 새로운 고객만족의 경영이 바로 '굿 타임 경영'이다. 고객만족에서 늘 주장하는 역지사지(易地思之)의 정신과 고객의 소리(VOC)를 서비스에 반영했다. 즉, 기술이 중심이 되고 첨단이 트렌드가 되는 시대에서 인간이 존중되고 인간이 중심이 되는 시대의 흐름을 경영에 도입한 것이다. 고객이 사용하는 휴대 서비스는 기술을 사는 것이 아니라 사람과 사람 사이의 관계를 사는 것이라는 감성 서비스에 기반을 두고 고객의 감성을 첨단 기술과 융합하는 서비스를 제공함으로써 고객의 수요를 높일 수 있었다.

문자를 즐기는 청소년, 자주 그리고 오래 통화하는 연인, 부모님을 위한 자녀의 마음 등으로 수십 가지 고객의 요구를 수용한 맞춤형 서비스는 새로운 고객을 창출하는 데 큰 기여를 하였다. 고객의 상황과 고객의 감성에 맞춘 여러 옵션의 선택은 진정한 고객 눈맞춤이 없어서는 안 되는 서비스였다. 또한 고객 스스로 참여할 수 있는 많은 이벤트와 커뮤니티는 고객의 기업에 대한 애정을 높여주는 충성고객의 효과도 얻게 되었다. 이를 바탕으로 이루어지는 기업과 고객 간의 신뢰는 고객만족 경영의 핵심적 가치라 할 수 있다.

기업의 고객 섬김이 경영의 성공을 가져다주는 좋은 예를 KTF에서 찾을 수 있다. 이러한 고객만족을 실천하는 CSO들이 많이 생겨나는 사회는 경제적인 발전은 물론이거니와 서로의 말에 귀 기울여 존중하고 존중 받는 사회문화를 형성하는 데 크게 기여할 것이다.

고객이 기뻐하는 것이 내가 존경 받는 길이다

"고객이 기뻐하는 것이 내가 존경 받는 것이다. 내가 고생을 해야 주변이 기뻐한다. 경영자는 현장에서 떠나지 않고 좋은 경영을 해야 하며, 직원들도 자신과 직장의 이익을 위해 일체가 돼서 일해야 한다." MK 택시 유태식 부회장의 말이다. MK 이야기는 너무나 많이 알려져 있기 때문에 식상해 할 수도 있다. 그러나 그 많은 사례들 가운데 결코 빠져서는 안 되는 이야기들이 MK에 있기 때문에 되풀이되는 이야기일지라도 말하고 싶다.

일본의 MK주식회사는 1960년대 초 교토(京都)에서 택시회사로 출발하였다. MK는 택시 그 이상의 서비스를 제공하는 회사이다. 유 부회장은 MK택시 설립초기, 유명 대학교수를 설득해 직원들의 제복 디자인을 어렵게 허락받았다. 직원들의 근무사기를 올려주기 위해서였다. 택시업계 최초로 대학 졸업생을 기사로 채용한 것도 사건이었다.

　MK 경영의 기본 기조는 직원들의 주택안정에 있었다. 직원들에게 안정된 생활만 보장된다면 회사나 고객에 충실히 근무하리라는 점에 착안해 MK 단지와 같은 사택을 마련하기로 했다. 물론 기사들에게 무료로 주택을 제공한 것은 아니다. 기사들이 열심히 일해서 기사들의 월급에서 지불해 나가기로 했다. 집이 있어야 교육이 제대로 이루어지고, 교육을 해야 친절하고 서비스 좋은 기사가 될 수 있고, 그러면 고객이 많이 탈 것이고 결과적으로 회사의 이익을 높여줄 것이기 때문에 회사도 투자를 해야 했다.

　265만 엔만 내면 집을 사도록 했는데 그 돈도 가진 사람이 없었다. 경영진은 MK의 10개년 계획서, 20개년 계획서를 작성해서 은행을 설득하기 시작했다. "20년 후 우리 MK는 훌륭한 회사가 될 것이다. 해외에서 오는 귀빈들이 모두 우리 MK차를 타지 않으면 안 될 정도로 훌륭한 회사를 만들겠다. 그러기 위해서는 열심히 교육시켜 훌륭한 서비스를 제공하는 좋은 기사들을 만들어야 하는데 교육은 집이 안정이 되어야 가능하다. 우리가 밤잠을 안 자더라도 교육을 시키려고 하니 집을 살 수 있는 방법을 연구해 달라."고 은행에 매달렸다.

　교토 은행의 이사 한 명이 융자신청서를 읽어보고 감동받아서 이 회사를 돕기 위해 적극적으로 방법을 강구해 주었다. 265만 엔에 대한 원금과 이자를 합쳐서 한 달에 2만 3,000엔씩만 지불하면 18년 만에 완납하도록 만들었다. 기사들이 너나할것없이 신청을 해서 46채를 모두 샀고 이 지대를 MK 단지라고 이름을 붙였다.

　매해 교토에는 천황이 다녀가는 행사가 열린다. 이 행사를 진행하는

데 MK택시가 선정이 되었다. 행사가 끝난 후 사장이 기사에게 당신들이 존경하는 천황의 행사에 참가하였던 소감이 어떠했는지 물어보았다. 그때 한 기사가 대답했다 "예, 저는 그 행사에 참가한 기사입니다. 저는 그날을 위해서 일주일 전부터 매일 목욕하고 당일에는 모자, 구두, 내의, 양말, 넥타이, 와이셔츠, 제복 모두 새것을 입고 나갔습니다. 제가 그때 한 일과 MK에서 일하는 택시업은 나와 제 아들과 손자한테도 영광입니다."

그 말은 "이런 경영자 밑에서 이 브랜드를 지키기 위해서는 목숨을 걸고 일하겠습니다."라는 뜻이다.

그런 직원을 가진 경영자가 되고 싶지 않은가?

내가 경영을 잘해 부자가 되어서 존경 받는 것이 아니라 고객이 기뻐하는 것이 내가 존경 받는 것이라고 말하는 유태식 부회장의 말을 가슴에 새겨 두자.

고객만족 1위 기업에 뽑히는 비결

　미국 『비즈니스위크』 지에서는 매년 고객을 만족시킨 기업을 선정해 발표하고 있다.
　2007년 고객으로부터 가장 만족스러운 서비스를 받았다고 선택된 기업은 미국 보험회사 USAA이다. USAA는 기존 고객보다 현역과 예비역 군인 시장을 파고들어 보험계의 새로운 신화를 일구었다. USAA의 고객 중 96% 이상이 USAA가 약속을 매우 잘 지킨다고 말하며, 그런 부분이 신뢰와 만족을 주었다고 했다.
　미국 내 '고객만족 1위 기업'으로 뽑히는 비결은 고객과의 약속을 잘 지키는 것이다. 또한 고객을 기다리게 하지 않고 기대했던 시간보다 일찍 연락을 해 주는 것이 만족을 증대시키는 요인이었다. 특히 보험을 가입할 때가 아니라 보험금을 청구할 때 늦거나 망설이지 않고 바로 전화를 해 주는 것에 고객은 큰 점수를 주었다. 미국에서 고객만족 10위에 드는 기업은 '서비스 완벽주의'에 대한 강한 집착증을 보일 정도로 철저히 고객위주의 경영을 하고 있다.

2위에 선정된 호텔 체인 '포시즌스'는 이 호텔에 고객이 5회만 묵으면 그 이후에는 고객이 호텔에 도착하자마자 바로 객실 키를 받을 수 있을 정도로 체크인 절차를 간소화하고 있다.

세계적으로 고객만족 1위를 자주 차지하는 태국의 오리엔탈 호텔에서도 체크인 절차의 간소화에 심혈을 기울이고 있다. 일단 고객을 먼저 방으로 안내한 후 프런트 직원이 방으로 함께 가서 체크인 서류를 받는 차별화된 서비스로 고객을 만족시키고 있다. 그 외에 고객들은 반품이 용이한 기업, 직원의 만족도가 높은 기업, 친절한 기업, 전문성이 뛰어난 기업에 큰 만족감을 나타냈다.

2007년 고객만족 기업 선정에서 특이한 점은 직원만족도가 높은 기업이 고객만족도도 함께 높았다는 사실이다. 직원에 대한 후생복리나 장학제도를 실시한 기업이 고객을 만족시키는 지수도 함께 높아졌다는 점은 기업들이 눈여겨봐야 할 대목이다.

고객은 우리의 선행을 지켜본다

대학입학 시험을 치르는 날이면 날씨는 추워지고 반드시 몇 명은 수험장에 늦어 발을 동동 구르는 학생이 생기기 마련이다. 그런 학생들을 위해 대구 KS택시 기사들은 10년째 수험생 무료수송 서비스를 하고 있다. 수능일이면 회사택시 86대를 전부 동원해 150명의 학생을 집에서 수험장까지 무료로 데려다 준다. 이 뿐만 아니라 학생들을 격려하기 위해 행운의 엿을 선물하기도 한다.

이런 서비스를 제공받는 고객은 지역의 소년, 소녀가장과 보훈 대상자 자녀이다. 회사 경영으로 보자면 수능일은 수입이 제일 좋을 수 있는 날이지만 이날만큼은 고객을 위한 날로 삼았다. 사정이 좋아서 그런 일을 하는 것이 아니라 자신들이 하고 있는 일을 통해 고객을 돕는 일을 할 수 있다는 것은 무엇과도 바꿀 수 없는 보람이라 생각하는 것이다.

회사를 설립한 첫해부터 KS택시는 설이나 추석에 한복을 입은 승객은 무료로 태워주었다. 전통을 지키고 부모를 찾는 사람들에게 기쁨을 주고자 시작한 섬김 서비스다.

장애인 승객에게는 요금의 반을 할인하는 서비스를 제공하고 있다. 특히 대구지역에서는 한 대밖에 없는 장애인 수송용 택시를 구입해 휠체어 통째 리프트를 이용해 택시를 탈 수 있도록 배려해 장애인들에게 큰 도움을 주고 있다.

고객만족을 위한 이런 서비스는 대구 지역에 KS택시의 위상을 크게 높였으며 회사 이미지에도 도움이 되었다. 매스컴에서도 자주 기사화되기 때문에 회사홍보에도 큰 도움을 주게 된다. 또한 회사에 근무하는 기사들의 사기와 보람에 큰 부분을 차지하기 때문에 근무 만족도가 높고 당연히 이직률이나 고객이탈률도 적다.

자신이 하고 있는 일을 통해 고객에게 봉사하는 일은 사회에 기여할 뿐 아니라 회사 경영에 큰 도움이 된다는 사례를 KS택시는 실제 사례로 보여 주고 있다.

모두를 만족시키는 나눔 경영

　이건창호로 유명한 이건산업의 박영주 회장은 나눔 경영의 신봉자이다. 그의 나눔의 경영철학은 이건산업의 도덕적 기업 이미지를 드높여 주주들로부터 신뢰를 받아왔다.

　그가 23년 전 남태평양 솔로몬 군도에서 조림사업을 시작하면서 제일 먼저 시작한 일은 원주민을 위한 병원을 짓고 연간 100명에게 장학금을 주면서 나무 전문가로 키우는 일이었다. 그래서 얻은 별명이 '솔로몬 추장'이었다.

　솔로몬에서 이건의 일화는 숱하게 많다. 부족간 전쟁이 벌어졌을 때 외국인 기업 중 솔로몬에 남은 기업은 이건산업밖에 없었다. 반군들이 회사의 차를 빼앗는 일이 발생하자, 반군대장이 나서서 차를 되돌려주고 사과까지 한 일은 유명하다.

어느 해 크리스마스 때에 베이스캠프 건너편 섬에 있는 성당의 신부님이 박 회장을 초청했다. 현지인의 카누는 뒤집어지기 쉬워 회사의 카누를 타고 섬으로 건너갔다. 저녁이 되어 다시 베이스캠프로 돌아오는 길에 현지인 한 명이 자신의 카누로 박 회장을 모시겠다고 나섰다. 현지인 가운데는 조림사업에 반대하는 사람도 있었으므로 박 회장을 인질로 삼거나 해코지를 할지도 모르는 상황이라 동행인들이 말렸지만 박 회장은 주위의 만류에도 불구하고 그 카누를 탔다. 절반쯤 왔을 때 카누를 태워준 현지인이 박 회장에게 이렇게 말했다.

"제 막내 자식을 회장님이 세운 병원에서 낳았습니다. 그 고마움을 조금이라도 보답하고 싶었습니다. 이렇게 제 카누를 타 주셔서 감사합니다."

이런 섬김과 나눔의 경영철학은 노조가 있지만 한 번도 노사분규를 겪지 않았던 이건의 노사관계를 통해서도 알 수 있다.

"지금까지 기업을 해오면서 재정적으로 여유가 있었던 적은 한 번도 없었습니다. 돈은 늘 모자랐습니다. 돈을 조금 더 벌면 베풀겠다고 생각하면 못합니다. 자신의 역량 안에서 할 수 있는 일을 지금 실천하는 것이 중요합니다."라고 말하는 박영주 회장은 나눔 경영의 가치를 아는 진정한 기업인이다.

펀펀(fun-fun) 서비스

"제 다리 좀 가져다 주세요"

서울에서 하와이를 거쳐 LA로 가는 노선에서의 일이다.

승무원의 좌석은 항공기 출입문 옆에 있기 때문에 자연 그 마주보는 첫 번째 좌석의 승객과 이야기할 시간이 많다.

그날 승무원 자리 맞은편의 승객은 멋진 체격에 당당한 목소리의 한국 남자였다.

하와이까지 가는 동안 틈날 때마다 공수부대에서 낙하산을 탈 때 이야기, 그때 타고 다닌 군용 비행기의 이야기, 아내와 연애시절의 에피소드, 귀여운 딸의 이야기, 목사가 된 과정을 너무나 재미있게 들려주었다. 게다가 늦은 나이에 혼자 미국으로 신학 공부차 유학을 가는 길이라는 점도 매우 인상 깊었다.

늘 웃는 모습과 자신 있는 태도, 그리고 유머감각에 주변의 분위기가 다 밝아졌고 하와이까지의 비행이 언제 지나갔나 싶을 정도였다.

하와이에 도착하고 그 승객은 입국심사를 받기 위해 잠시 내렸다가 다시 LA로 가야만 했다. 그런데 비행기가 도착을 하고 다른 승객들이 모두 내린 후에도 그 승객은 내리지 않고 자리에 앉아 있는 것이 아닌가.

'나와 인사하려고 기다리셨나.'라고 생각하며 다가가자 그분은 여전히 밝은 목소리로 말했다.

"저쪽 코트를 보관하는 곳에 제 다리가 있거든요. 제 다리 좀 가져다 주시겠습니까?"

그분은 장교로 공수부대에 근무하던 시절 낙하산 사고로 척추를 다쳤던 것이다. 황망한 맘을 감추며 그분의 휠체어를 가져다 드리자 씩씩한 모습으로 "아이고, 내 다리 잘 있었나~"하며 익숙하게 타곤 환히 웃으며 인사하고 내려갔다.

너무 밝은 모습이 미안함으로 다가왔던, 기억에 오래 남는 승객이다.

Part 04
고객 서비스
이것이 궁금하다

Q & A

Q&A

Question 고객응대 시의 어려움이라면 아무래도 고객이 억지를 부릴 때입니다. 정해진 룰에 맞춰 처리해야 하는 입장에서 보면 무리한 요구를 하는 고객에게도 최선을 다해야 하지만, 친절하게 이해를 시키려는 저의 말을 '고객을 가르치려 한다'고 듣지도 않을 땐 정말 난감합니다. 이럴 땐 어떻게 대처해야 할까요?

Answer 미국의 경영 컨설턴트인 칼 알브레히트(Karl Albrecht)는 변화무쌍한 고객의 기대수준을 가리켜 "고객의 사전기대는 계속 진화한다."고 했습니다. 일반적으로 근자에 올수록 고객의 욕구는 다양해지고 기대치는 더욱 높아지는 경향을 보이고 있습니다.

이러한 고객의 욕구에 충분히 대응하고 고객의 만족, 감동, 감격을 얻어내기 위해서는 어떻게 해야 할까요?

어제 저는 집 가까운 곳의 대형 찜질방을 갔습니다. 요즘 개업 할인 기간이라 5천 원을 냈더니 야간 시간이므로 2천 원을 더 내야 한다고 했습니다. 제가 "몇 시부터 야간요금을 받나요?"라고 물었더니 8시부터라고 하더군요. 그때 제 시계를 보니 8시 3분이었습니다.

전 화가 났습니다. 3분 차이로 2천원을 더 내다니요. 제가 그곳에서 밤을 새울 것도 아니고, 8시 이후라고 해서 서비스가 더 좋은 것도 아닌데 억울해서 한참을 실랑이를 벌였습니다. 2천 원이 물론 적은 돈일 수도 있지만 모르고 갔던 저로서는 억울한 일이었습니다.

그것보다 제가 더 화가 났던 것은 접수를 하는 직원의 태도였습니다. 그 직원의 태도는 공손했지만 계속 같은 말을 반복하더군요.

"기계에 시간이 찍혀 나오기 때문에 저로서도 어쩔 수 없어요."

"8시부터는 2천 원 할증된다고 앞에 적혀 있잖아요?"

제가 단지 억울한 생각이 들어 속이 상했을 뿐이었는데, 만일 그 직원이 제 마음을 공감하면서 "속상하시죠. 저도 해 드리고 싶은데 다음에 8시경에 오시게 되면 제게 전화해 주시겠어요? 미리 티켓 뽑아 놓고 기다리겠습니다. 저도 그럴 때 있었는데 속상했어요. 미안합니다. 고객님."이라고 말해줬다면 어땠을까요?

전 이 질문 중 몇 가지 표현을 읽고 한참을 생각하게 되었습니다.

"고객이 억지를 부린다."

"정해진 룰에 맞춰 처리해야 합니다."

"무리한 요구를 하는 고객"

고객이 억지를 부린다고 했는데 사실 고객 가운데는 고객만족을 위해 제공하는 우리의 고객응대를 악용하는 사람들도 있고, 우리 사정은 고려하지도 않은 채 고객의 입장만 들어주기를 요구하는 경우도 물론 있습니다.

그래서 어떤 백화점 모피 코너에서는 연말 모임 때 값비싼 모피를 구입하고 며칠 후 반품하는 고객은 두 번까지는 반품을 받아 주지만 세 번째부터는 판매를 정중히 사양하는 삼진 아웃제도를 실시하기도 합니다.

그러나 우리는 어떤 경우라도 고객이 억지를 부린다고 생각하거나 표현해서는 안 됩니다. 고객 입장에서는 당연히 누려야 할 권리, 받아야 할 고객응대를 요구하고 있는 것이기 때문입니다.

고객응대를 받는 동안 직원의 미소를 볼 수 없으면 돈으로 환불 받는 레스토랑, 영수증만 있다면 이미 사용한 제품도 언제든지 환불해 주는 백화점 등 불과 수년 전만 해도 상상도 할 수 없던 고객응대가 지금은 당연하게 이루어지고 있지 않습니까?

정해진 룰대로 처리해야 하는 점은 어떤가요? 고객은 고객응대에 관한 어떤 룰도 만든 적이 없기 때문에 회사의 규칙이나 규정을 말하면 화가 나게 됩니다. 회사의 규칙이나 규정은 고객을 위한 것이 아닌 회사를 위한 것이기 때문입니다.

이제 정리해 보도록 하겠습니다. 우리의 마음가짐을 회사나 우리의 입장이 아닌 고객의 입장으로 바꾸는 것이 가장 중요합니다. '고객이 억지를 부린다, 무리한 요구를 한다, 나는 회사에서 정해준 규정대로 처리할 뿐이다' 라는 마음을 가지고는 고객에게 친절하게 설명하는 것이 불가능하게 됩니다. 내적 태도는 고스란히 우리의 눈빛이나 어조,

표정, 제스처나 자세를 통해 나타나기 때문입니다.

먼저 고객의 불만사항을 가족이나 친구의 요구라고 생각하고 경청해 봅니다. 정말 고객의 요구를 해결할 방법은 없는지 생각해 보아야 합니다. 방법이 없다면 내가 고객을 위해 할 수 있는 어떤 다른 대안은 없는지 연구해 보아야 합니다. 대안도 없다면 공감하는 말씀과 자세로나마 고객의 위로가 되어야 합니다.

고객 입장에서 조금이나마 도움이 되어 드릴 방안을 고민하는 우리의 모습에서 비로소 고객은 우리를 이해하고 충성고객이 되어 줄 것입니다.

Question 매장에서 고객을 응대할 때는 한 치의 오차도 없어야 하지만, 직원들도 사람인지라 상품정보 오류나 결손 상품 등의 실수가 있을 수 있습니다. 이렇게 저의 실수로 인해 화를 내는 고객들은 어떻게 응대해야 하나요?

Answer 고객응대를 제공하는 입장에서 화를 내는 고객을 대하는 것이 가장 어려운 점일 것입니다. 저도 화를 내는 고객 때문에 눈물을 흘린 적이 한두 번이 아니었고 사직을 생각한 적도 있습니다.

이 문제에 대해 우리가 먼저 생각해야 할 일은 고객은 왜 화를 내는가 입니다.

대부분의 경우 두 가지로 나눠지게 됩니다. 시스템적인 문제로 인해 고객이 원하는 바를 얻지 못하는 경우와 그 시스템적인 문제를 설명하는 직원의 태도나 말투로 인해 감정이 상하는 경우입니다.

고객불만에 관한 사항을 연구 조사한 결과에 의하면 이 두 가지 상황 가운데 고객이 화가 많이 나는 상황은 시스템적인 문제이기보다 직원의 태도에 관한 부분이 더 큰 것으로 나와 있습니다. "고객은 우리의 실수는 잊을 수 있지만, 우리의 태도는 잊지 못합니다."라는 말이 있습니다.

화를 내는 고객을 대할 때는 어떻게 해야 할까요?

첫째, 어떤 경우일지라도 고객과 같이 흥분해서는 안 됩니다.

1998년 일본 도쿄 세계적인 전자회사 도시바에서의 일입니다.

직원 : 댁 같은 사람은 고객이 아니라 상습불평꾼이야!!

고객 : 뭐라고?

직원 : 제발 내 업무 방해하지 말고 전화나 끊어!!

비디오 수리에 관한 애프터 고객응대 문의를 하던 중 '폭언'을 듣게 된 한 소비자가 인터넷에 그 내용을 올리자 일본 소비자들이 일제히 불매운동을 전개했고, 이로 인해 판매량과 주가는 곤두박질치게 되어 결국 도시바는 신문지상을 통해 공개사과를 하게 되었습니다. 한 명의 고객불만에 3조 7,000억 엔 규모의 회사가 무릎을 꿇은 셈입니다.

우리는 어떤 경우에도 고객에게 감정적으로 대항해서 승리할 수가 없습니다. 따라서 고객의 무시하는 표현이나 반말 등에 감정이 동요해서는 안 됩니다.

고객은 당신이라는 하나의 개인에게 화를 내는 것이 아니라 대부분 자신이 원하는 것을 당장 얻지 못하는 그 상황에 화를 내는 것입니다. 화는 말로만 내는 것이 아닙니다. 굳은 표정, 내려 뜨는 시선, 가라앉은 목소리, 작은 제스처나 걸음걸이로 고객은 우리가 화를 내고 있음을 알게 됩니다.

둘째, 직원의 실수로 고객이 화를 내는 경우라면 진심 어린 사과를 해야 합니다. 사과의 말은 단순히 "죄송합니다."라는 말로는 부족합니다. 사실의 인정과 어떤 점이 잘못이라는 것의 설명이 필요합니다. 상품정보 오류나 결손 상품인 경우 단순한 정보제공으로는 고객의 상처 입은 마음을 달래 줄 수가 없기 때문입니다.

"이상하네? 서류상으로는 사이즈가 하나 남아 있다고 되어 있는데

입력이 잘못되어 있었나 봐요." 등의 말은 고객의 화를 유발합니다. 고객의 기대와 기다린 시간에 대한 분노가 생기기 때문입니다.

정중한 인사를 곁들인 사과의 말은 고객이 제대로 대접을 받고 있다고 느끼게 합니다.

셋째, 어떤 경우에라도 대안을 제시하는 것은 화난 고객에 대한 우리의 의무입니다. 고객에게 최선을 다하는 모습을 보여 주는 것이 필요합니다.

상품정보 오류나 결손 상품인 경우라면 다른 지역 매장의 정보 제공 및 가격대비 품질이 비슷한 타 제품을 추천하는 방법 등으로 고객의 선택을 도와주는 일을 충분히 제공할 수 있습니다.

칼 알브레히트는 고객을 떠나게 하는 고객응대의 7개 죄악을 무관심, 무시, 냉담, 발뺌, 규칙 제일주의, 로봇화, 어린애 취급으로 설정했습니다. 즉, 7가지의 것들이 고객을 화나게 하는 요소들이라는 점을 기억해야 합니다.

Question　매일 우리가 맞이하는 고객은 정말 각양각색입니다. 고객이 다양한 만큼 고객응대에 대한 기대치와 만족도도 모두 다릅니다. 고객을 응대하면서 항상 고민이 되는 점은 각 고객의 특성과 요구점을 어떻게 하면 빨리 알아낼 수 있는가 하는 것입니다. 고객 개개인의 각기 다른 특성과 고객응대 기대치를 캐치해내는 비법이 따로 있나요?

Answer　고객은 정말 다양한 특성과 요구를 가지고 우리를 찾게 됩니다. 우리도 매일 같은 옷을 입고 같은 시간에 같은 업무를 하지만 마음상태는 매일 다르지 않나요? 고객들도 겉으로 보기엔 표를 많이 내지는 않지만 그날 우리 앞에 올 때의 상황과 마음상태는 정말 다양합니다.

어떤 고객은 부부싸움을 하고 화난 마음을 진정시키려 쇼핑을 나섰을 수도 있고, 어떤 고객은 고객을 초대해 놓고 시간이 부족한 상태로 서둘러 쇼핑을 하고 있을 수도 있습니다. 어떤 고객은 외롭고 쓸쓸해서 사람들이 북적이는 곳에서 활기를 얻고 싶은 마음에 쇼핑을 나선 분도 있습니다.

여러분이 만나는 고객 열 분 가운데 두어 분 정도는 안정적이지 못한 상황일 가능성이 높다는 것을 염두에 두시기 바랍니다. 예를 들면 지난번 백화점 이용 시 짜증스러운 일이 있어 예민한 상태이거나, 시간이 촉박해 마음이 급하거나, 고민이 있어 우울해진 상태일 수 있습니다.

예민한 고객에게는 더욱 부드러운 응대와 이해를 해주는 모습이 필요할 것이고, 마음이 급한 고객께는 재빠른 동작으로 시간을 아껴 드리고 있다는 것을 느끼게 해야 할 것이며, 우울한 고객은 말수가 적고 표정이 우울할 것이니 불필요한 말을 시키지 않아야 할 것입니다.

이와 함께 고객의 성격적 특징을 유형별로 분류해서 짧은 시간에 고객의 유형을 파악해 고객만족을 이끌어내는 방법도 있습니다.

고객의 유형을 분류하는 여러 가지 방법 가운데 가장 간단한 DISC를 소개해 드리겠습니다. DISC는 고객을 주도형(Dominance), 사교형(Influence), 신중형(Compliance), 안정형(Steadiness)으로 분류해서 성격에 맞게 응대하는 방법입니다.

- **주도형(Dominance)** 고객은 일 지향적인 스타일로 명령형 말씨를 쓰거나 짧게 지시합니다. 자신을 알아주길 원하며 과정보다 결과를 중시합니다. 이런 고객은 신속한 처리와 함께 고객의 말에 토를 달거나 말을 끊는 것은 삼가야 합니다. 그러나 한번 만족하게 되면 충성고객이 될 확률이 가장 높습니다.
- **사교형(Influence)** 고객은 사교적이고 변화를 추구하는 고객 유형입니다. 친절하고 관심을 가져주길 기대하며, 칭찬받기를 좋아하고 상세히 설명하고 대화를 나눠주길 기대합니다. 사교형 고객을 대할 땐 적극적인 맞장구와 자세한 설명, 그리고 칭찬에 인색하지 않아야 합니다.
- **안정형(Steadiness)** 고객은 성실하고 듬직한 스타일로 걱정이 많고 변화를 싫어합니다. 이런 고객은 안심시켜 주는 것이 중요하며 다른 고객들이 좋아했다는 근거를 제시하면 안심하는 경향이 있습니다. 편안한 분위기로 신뢰를 형성해야 합니다.

- **신중형**(Compliance) 고객은 치밀하고 논리적이어서 판단이 정확하고 신중합니다. 즉흥적으로 선택하거나 구매하는 일이 적습니다. 이런 고객은 근거자료를 제시하고, 1. 2. 3.으로 구분해 설명하며 사적인 접근이나 대화는 지양해야 한다는 점이 중요합니다.

이와 같이 고객의 성격과 취향, 그리고 지금의 상태까지도 파악해서 그 고객에 딱 맞게 제공하는 고객응대를 '맞춤 고객응대', '스타 고객응대', '충성고객 고객응대'라고도 합니다.

Question 점장님 혹은 윗분들을 잘 아는 사람이라고 말하며 가격을 깎아 달라고 하거나 사은품을 하나 더 달라며 떼쓰는 고객, 행사시에 상품이 조기 품절이 될 경우 고객께 사전 양해를 아무리 말씀 드려도 막무가내로 점장 나오라며 소리치는 고객분들은 우리 직원들을 난처하게 만드는 고객입니다. 이럴 경우 고객응대 방법을 알고 싶습니다.

Answer 판매 고객응대의 특징이 바로 다양한 고객들을 접할 수 있다는 점입니다. 그래서 판매 고객응대 몇 년 경력이면 고객을 잠시 보기만 해도 구매할 분인지 어떤 분인지 감이 올 정도가 된다고 합니다.

그러나 다양한 고객을 만나는 일이 즐거운 일이 되기도 하지만 가장 속상하고 곤란한 경우가 바로 떼를 쓰거나 화부터 내는 고객을 응대하는 경우일 것입니다.

이런 고객을 만났을 때 우리가 첫 번째 생각해야 할 점은 그 고객의 진정한 불만은 과연 어디에 있는지를 알아내는 것입니다. 지금 내 앞에서 화를 내는 고객은 누적된 불만을 어쩌다 내 앞에서 터뜨리게 된 것일지도 모릅니다.

항공 고객응대를 예를 들면 예약에서, 발권이나 짐을 붙이는 과정에서 생긴 불만이 기내에서 폭발하는 경우가 종종 있습니다. 이런 경우 승무원은 황당하지만 고객의 입장에서는 참고 참다가 감정을 폭발하게 되는 것입니다.

또한 불만고객의 조사를 보면 업무적 실수나 지연에 대한 불만보다 고객을 대하는 태도에 대한 불만이 훨씬 높게 나옵니다. 우리가 맘 속으로 '내 잘못도 아닌데 왜 나한테 그래?' 혹은 '말도 안 되는 요구하고 있네!', '오늘 또 열 받게 하는 고객 만났네!' 등의 생각을 하는 순간의 태도, 즉 어투, 시선, 표정, 자세 등에서 변화가 생겨 고객의 자존심이 상하는 경우가 생깁니다.

고객의 유형 중 주도형(Dominance) 고객들이 주로 큰 목소리를 내며 고객으로서의 권위를 인정받고자 합니다. 주도형의 성격을 가진 고객은 자신을 알아주길 원합니다. 그래서 높은 사람을 찾으며 자신의 권위를 부각시키며, 때론 안 되는 줄 알면서 차별화된 요구를 하기도 합니다.

이런 고객을 만나면 첫째 그 권위를 인정하는 것이 도움이 됩니다. 다만, 고객의 요구를 들어주어야 하는데 나에게 그런 권한이 없어 해드리지 못함을 안타까워하는 태도를 가지는 점이 중요합니다.

행사 상품의 조기 품절로 고객의 불만이 야기되었을 경우는 고객이 화를 내는 것이 당연합니다. 고객과의 약속을 지키지 못하게 된 경우이기 때문입니다. 좋은 상품을 싸게 구매할 기회를 얻어 모처럼 짬을 내어 왔는데 품절되었다는 소식을 들으면 당연히 화가 나게 되고, 그것을 우리에게 표현하는 것은 자연스러운 일입니다.

이 경우에 혹시라도 "광고에 조기 품절이 될 수도 있다고 나갔는데 좀 일찍 나오시지 그러셨어요?" 또는 "원래 행사상품은 11시 전에는 다 나가거든요." "행사 상품이라 저희가 물량을 1,000개만 준비했어요!" "행사 어제로 끝났는데요?" 등 고객에게 책임을 전가하는 느낌을 주는 설명은 고객의 화를 증폭시키므로 유의해야 합니다.

결론적으로 불만을 제기하는 고객을 대할 때는 우선적으로 충분한

만족을 제공하지 못한 점부터 사과를 하고, 두 번째는 고객의 상한 마음에 공감하는 태도가 있어야 합니다.

"고객님, 저도 꼭 해드렸으면 하는데 안타깝네요."

"고객님, 어떡하죠? 원하시는 상품이 품절이 되었네요. 이번이 싸게 구입하실 기회였는데 속상하시죠?"

여러분은 상품을 고객에게 안내하는 일뿐만 아니라 고객의 마음까지 행복하게 만드는 사람이란 점을 잊지 않는다면 어떤 고객도 충성고객으로 만들 수 있으리라 믿습니다.

Question 백화점의 경우 시간대별 고객의 성향이 다르다고 하여 음악을 다르게 튼다거나 조명을 조절한다고 들었는데, 시간대별 고객성향(오전, 오후, 야간 등)을 알고 싶습니다.

Answer 요즘 여러 곳에서 경기가 불황이라는 말을 많이 들으실 겁니다. 경기가 불황이다 보니 평소 백화점을 즐겨 찾던 고객들이 대형 마트나 아웃렛을 많이 찾고 있습니다. 따라서 대형 마트에서도 백화점에 뒤지지 않는 마케팅 기법과 고객만족 고객응대를 제공해야 함은 당연한 일일 것입니다.

백화점에서는 음악을 통한 마케팅, 고객의 시간대별 취향과 성향을 파악하여 고객만족 및 매출의 증대를 꾀하고 있습니다.

요즘은 아로마 요법(향기요법)까지 동원되는 등 오감을 이용한 마케팅을 하고 있습니다. 보기에 즐겁게 하는 시각 고객응대, 듣기에 편안한 청각 고객응대, 공간마다 구매를 자극하는 향기를 제공하는 후각 고객응대, 만져보고 입어볼 수 있는 촉각 고객응대, 맛을 볼 수 있는 미각 고객응대까지 오감 고객응대를 제공하고 있습니다.

보기에 즐겁게 하는 시각 고객응대로는 멋진 공간과 편리한 배치, 그리고 깔끔한 직원의 모습들이 그것이며, 청각 고객응대는 쇼핑을 즐겁게 하는 음악과 직원의 명랑한 목소리들이 그것입니다.

백화점의 음악은 기본적으로 즐거운 느낌의 음악입니다. 가끔 최신 유행곡을 트는 곳이 있는데 이는 고객성향을 염두에 두지 않는 직원들의 취향에 맞는 음악을 틀고 있는 경우입니다.

즐거운 음악이라 해도 백화점에서는 행진곡 등 4/2박자 음악은 피합니다. 걸음이 빨라지고 마음도 급해지기 때문에 구매가 이루어지지 않기 때문입니다. 대체로 4/3박자 혹은 4/4박자의 음악이 즐거운 마음과 편안함을 줍니다. 또한 음악의 내용이 비관적이거나 부정적인 것은 피해야 합니다.

오전일 경우 필요한 물건을 구매하는 바쁜 고객들로서 오래 머무르거나 충동구매하는 경향이 적으므로 신속한 안내와 도움이 필요합니다. 점심시간부터는 주부층이 주 고객이 되며, 오후부터는 직장인 고객들이, 야간 혹은 심야에는 가족단위의 고객들로서 주부 혼자보다 많은 양을 구매하는 경향이 있습니다.

Question 고객에게 강한 인상을 심어 주어야만 단골 고객을 만들 수 있는데, 어차피 싼 가격이나 깨끗한 매장은 회사 전체의 입장이고, 매장에서 근무하는 우리가 고객에게 강한 인상을 심어 줄 수 있는 구체적인 친절 방법(고객응대 시 시선이나 손동작의 처리 또는 용모)이나 행동이 있나요? 예를 들어 다른 곳에서는 생선을 판매하며 조리방법을 설명하는 경우도 있다고 들었는데 무엇이 있는지 궁금합니다.

Answer 고객만족에는 세 가지의 요건이 충족되어야 합니다. 첫째는 하드웨어(Hardware)입니다. 이는 매장의 건물과 위치, 주차장의 설비 등이며, 두 번째는 소프트웨어(Software)입니다. 이는 물건의 배치와 종류, 결제방법, 직원의 운영, 고객을 위한 제도 등입니다. 세 번째는 휴먼웨어(Human ware)입니다. 고객을 대하는 직원의 표정과 말투, 자세와 제스처, 용모와 복장 등이 그것입니다.

질문 내용 가운데 회사에서 해야 할 부분은 바로 하드웨어와 소프트웨어의 부분이며, 우리가 개선하고 노력해야 할 부분은 휴먼웨어입니다.

고객만족에서 이 세 가지는 함께 개선되고 발전해야 하는 부분이지만 점점 그 영향이 커지고 있는 부분이 바로 휴먼웨어입니다. 아무리 시설이 좋고 물건이 저렴하고 우수하다 해도 직원의 태도가 고객의 마음을 사로잡지 못한다면 아무 소용이 없을 것입니다.

이런 휴먼웨어도 각 백화점 혹은 다른 마트에서 경쟁적으로 독특하고 신선한 고객응대를 제공하기 위해 애를 쓰고 있습니다.

고객응대 시의 시선과 손동작은 삼점법으로 하는 것이 좋습니다.

즉, 시선은 고객 & 스마일 · 물건 혹은 방향 · 고객 & 스마일 이렇게 세 번 움직이며, 손동작은 손바닥 전체를 사용하며 손뿐만 아니라 팔 전체와 몸의 방향까지 지시하는 쪽으로 움직이는 것이 좋습니다. 이때 몸을 한 걸음 정도 걸어 나가면서 방향을 지시하면 매우 친절하게 느껴집니다.

이제는 싸고 좋은 물건을 사는 곳에서 한 단계 올라가 싸고 좋은 물건과 함께 바른 생활정보(요리법 제공, 웰빙 건강정보)를 얻고, 휴식과 여가를 즐기는 추억과 즐거움의 공간으로 향상될 것입니다. 예를 들면 처음 와서 넓은 공간에 익숙하지 않는 고객을 위한 일 대 일 도우미 고객응대, 각종 이벤트와 만남의 장소, 탁아 고객응대와 인터넷 쇼핑 대행 고객응대, 다이어트 식품 코너, 1인 가정 코너 등 다양한 고객응대가 하나 둘 실시되고 있습니다.

이제 우리가 일하는 일터가 고객 모두에게 행복함이 그대로 느껴지도록 모든 직원은 밝고 생기 있는 미소를 잃지 않아야겠습니다.

Question 가끔 매장에서 고객들을 응대하다 보면 당황스러운 일들이 생기곤 합니다. 사람들이 많이 모인 곳이니 안전사고도 가끔은 있을 수 있고, 진열된 제품이 고객의 부주의로 손상될 때도 있습니다. 물론 궁극적인 문제 해결은 점포 차원에서 이뤄지겠지만, 그 사고 순간 직원으로서 어떻게 대처해야 좋을지 궁금합니다. 고객을 안정시킬 수 있고 빨리 문제를 해결할 수 있는 방법이 있을까요?

Answer 고객응대는 다른 표현을 쓴다면 삶의 축소판이라고 할 수 있습니다. 한 치 앞을 예측하지 못하는 우리네 인생과 같다고 할까요.

우리는 같은 공간에서 근무하지만 매일 다른 모습과 성격을 가진 고객을 만나게 됩니다. 그러므로 매일 예상치 못했던 일이 생겨날 가능성이 높습니다. 그것이 고객응대의 특징이자 매력이기도 합니다.

먼저 안전사고에 관하여서는 중요성을 강조하지 않을 수 없는 문제입니다. 대형 마트에서는 진열대가 높고, 영업시간 중에 고객 사이로 박스를 이동하거나 진열해야 하는 일이 잦으며, 시간에 따라 고객이 한꺼번에 몰리는 현상으로 인해 일어나는 에스컬레이터 사고, 차량 접촉사고 등 조금만 부주의하면 안전사고가 발생될 위험이 높습니다.

매장 내에서 일어나는 안전사고는 고객의 부주의나 실수가 크다 해도 결국 우리의 책임이 됩니다. 따라서 미연에 예방하는 노력은 하면 할수록 좋은 것이지만 하는 방법에 따라 좋은 고객응대와 나쁜 고객응대로 나눠지게 됩니다.

가끔 어떤 매장에 가면 "위험", "출입금지", "어린이 주의", "들어가지 마시오", "손잡이를 잡으시오", "휴지는 휴지통에" 등의 안내문을 부착해 놓은 곳을 보게 되는데 이는 고객에게 위협을 느끼게 하는 것입니다. 고객에게 안전에 대한 안내를 할 때에는 말이나 안내문을 반드시 부드러운 표현과 존댓말을 사용해야 하는 점을 잊어서는 안 되겠습니다.

　다음으로 고객의 실수로 제품에 손상이 간 경우 가장 당황할 사람은 누구일까요? 바로 고객일 것입니다. 상식에서 벗어나는 고객이 아니라면 고객이 먼저 어떤 제안을 할 것입니다.

　이런 경우 우리가 해야 할 첫 번째 일은 당황한 고객을 도와주는 일입니다. "괜찮으십니까?", "어디 다치거나 불편한 곳은 없으십니까?", "놀라셨죠?" 등의 말부터 해야 합니다. 특히 동반한 아이의 실수로 제품에 손상이 간 경우 아이에게 굳은 표정이나 말을 사용하는 것은 피하면서 고객에게 상황을 설명해야 합니다. 때론 당황한 고객이 아이를 책망하는 경우도 있는데 이때에도 아이 편에서 상황을 부드럽게 정리해야 합니다.

　두 번째로 상황에 대한 처리를 먼저 고객에게 물어봅니다. 이때 사용할 말은 "고객님, 어떻게 하면 좋을지 의견을 주시겠습니까?", "고객님, 이런 경우 저희가 해드릴 수 있는 것은 이러한 방법인데 더 좋은 의견 있으신지요?" 정도가 되겠습니다.

　중요한 태도는 고객의 실수이므로 보상을 받겠다는 것보다 고객의 실수를 함께 안타까워하며 도와드리겠다는 태도를 보여 주는 것이 제일 중요합니다. 고객의 요구나 제안이 현실적으로 받아들일 수 없는 불가능한 것이라 해도 고객의 절박한 입장이 되어 다른 방도가 없는지 깊이 궁리한 후 "최선을 다한 NO"를 말씀드려야 합니다. 이렇게 한다면 적어도 고객의 마음에 분노를 불러일으키지는 않을 것입니다.

이때 사용될 언어는 "안 되는 이유"를 알려 주는 것이 아니라 "해 드릴 수 없는 죄송함"을 알려 준다는 것에 유의해야 합니다. 고객감동은 실수마저도 포용하는 바로 그 모습에서 일어나는 것입니다.

Question 요즘 감성 마케팅이 유행인데 점포에서 고객들에게 제공할 수 있는 감성 마케팅은 무엇이 있을까요?

Answer 요즘 어디서나 감성이란 말이 유행입니다. 감성 지수(emotional quotient), 감성 소비, 감성 마케팅, 감성 정치 등 얼마 후면 단어의 사전적 의미가 아닌 그 단어를 말하거나 들을 때 느껴지는 감성을 알 수 있는 감성사전이 나온다고 합니다.

감성 마케팅(emotional marketing)이란 말 그대로 고객의 기분과 감정에 영향을 미치는 감성적인 자극을 통해 브랜드와 유대관계를 강화하는 것을 말합니다. 감성 마케팅의 반대 개념인 이성 마케팅 시대에 있어 구매의 준거는 성분, 기능, 가격, 품질 등입니다. 불과 10년 전만 해도 우리 기업들은 소비자의 개성과 감성을 염두에 두지 않고 단순 생산, 판매에 치중하였지만 그러나 이제 그런 요소들은 거의 평준화가 되어 전국 어디서나 비슷한 제품을 비슷한 가격에 살 수 있게 되었습니다.

이렇게 제품의 속성에서 커다란 차이를 느끼지 못하게 되자 판매의 새로운 돌파구를 찾기 위해 감성에 의존할 수밖에 없으며, 소비자 또한 그러한 감성적 요구에 큰 비중을 두게 되었습니다.

유통업의 감성 마케팅은 지난 1920년 미국 파커사가 여성용 만년필에 붉은 색깔을 적용한 것이 시초라고 합니다. 이때부터 감성 마케팅이 사회 각 분야에 전파되기 시작했고, 우리나라에서는 컬러 TV가 방송되면서부터 감성 마케팅이 도입되었지만 크게 호응을 얻지는 못했습니다.

그러나 요즘은 기업뿐 아니라 정치에서도 노란색을 이용해 개혁적 이미지를 창출하거나, 감성적 TV 홍보로 유권자의 마음을 파고드는 감성 정치 기법이 돌풍을 일으켰음을 기억하실 것입니다.

요즘 젊은 직장인들은 오천 원짜리 점심을 먹고 오천 원짜리 스타벅스 커피를 마시는데 조금의 주저함이 없다고 합니다. 왜 그럴까요? 마크 고베(Marc Gobe)가 쓴 《emotional braning》을 보면 "스타벅스는 단지 커피만 파는 장소가 아니고, 사람들이 커피를 마시면서 즐겁고 친밀한 분위기를 느낄 수 있는 감성적인 경험입니다."라는 말을 한 적이 있습니다.

감성 마케팅을 잘 대변해주는 말입니다. 최근 십 년 사이에 가장 성공적인 기업으로 뽑히는 '스타벅스'는 상품 경쟁력과 함께 새로운 경험을 제공한 것입니다. 물론 커피의 맛이 좋아서 스타벅스를 이용하는 사람이 분명 있겠지만 스타벅스를 이용하는 많은 사람들은 커피 맛보다는 다른 곳에서는 느낄 수 없는 '스타벅스만의 문화'가 존재하기 때문에 그곳을 이용하는 것입니다. 오천 원짜리 점심식사에서 얻지 못했던 만족을 스타벅스는 감각적이고 세련된 도시인의 감성적 만족을 커피에 담아 제공했기 때문에 커피값이 아마 지금보다 20% 정도 더 비쌌더라도 지금의 고객들이 그대로 유지되었을 것입니다.

이렇게 '문화'라는 개념은 감성 마케팅의 핵심요소로 자리 잡고 있습니다. 감성 마케팅 시대에서 우리가 꼭 기억해야 할 점은 고객이 구매를 하는 이유는 제품 그 자체를 사는 것이 아닌 아름다워지고 싶은 꿈, 경험, 즐거움, 자부심, 인간적인 정 등을 사는 것이란 점입니다.

우리의 고객은 이제 배가 고파서 식당에 가기보다 추억을 만들기 위해 식당엘 갑니다. 이제 고객은 자신의 꿈을 이루기 위해 병원을 찾으며, 지불을 더하더라도 좀 더 즐거움을 제공하는 곳에서 구매하기를 원합니다. 이곳만은 특별하다는 자부심을 느낄 때 고가의 상품도 선뜻 구매합니다.

  고객의 자부심과 꿈을 이루어 드리고 즐거운 경험과 추억을 남기면서 고객응대를 제공하는 우리에게 가족적인 정을 느낄 수 있는 감성을 전달해 준다면 어떤 고객이 우리를 찾지 않겠습니까?

  이를 위해서는 고객의 오감을 자극하는 감성 마케팅이 필요합니다. 즉 시각, 청각, 미각, 촉각, 후각을 자극하는 감성 마케팅입니다.

- **시각** : 최근 무지갯빛 스파게티를 만들어 큰 성공을 거둔 파스타 전문점, 컬러 찐빵, 삼색두부, 오색만두 등 많이 들어 보셨죠? 젊은 층을 겨냥한 패스트푸드점에서는 강렬한 붉은색 매장 인테리어와 직원의 복장으로 새로운 구매층을 형성하기도 하였습니다. 이젠 백색가전은 찾기 힘들 정도로 다양한 색의 전자제품을 쉽게 볼 수 있습니다.
- **청각** : 스타벅스에서는 제공하는 커피에 어울리는 음악을 자체 제작하여 시간대별로 다르게 음악을 제공하고 있습니다. 고객의 귀를 즐겁게 하는 감성을 자극하여 차별성을 느끼게 해 주는 감성 마케팅의 하나입니다.
- **후각** : 최근 향기 마케팅이 크게 유행하고 있습니다. 남성복 맨스타는 의류에 페퍼민트, 라벤더 향을 입혀 인기를 얻었습니다. 일명 "향기 나는 옷"으로 감성을 자극하였습니다. 요즘 병원에서는

헤이즐넛 향기를 이용해 환자들의 공포감을 없애고 마치 커피숍에 온 듯한 분위기를 주는 감성 마케팅을 하고 있습니다.

- **미각, 촉각** : 이 부분은 유통 판매에서는 오래 전부터 사용하고 있습니다. 고객들에 대한 시식행사를 통해 먹는 즐거움과 체험을 드리는 마케팅입니다.

그러나 이 부분은 아직 우리나라가 선진국에 비해 미흡한 부분이기도 합니다. 선진국에서는 대형 물건(가구, 가전, 의류)이더라도 구매 전에 미리 체험할 수 있는 기간을 충분히 드린 후 구매할 수 있도록 하는 고객응대를 제공하고 있습니다. 우리가 더 배워야 할 부분입니다.

이제는 물건이 많기 때문에, 가격이 저렴하기 때문에, 집에서 가깝기 때문에 찾는 곳이 되어서는 안 됩니다. 유통업의 명품 브랜드라는 가치를 창출하는 고객응대를 제공해야 합니다. 나는 이곳의 고객이라는 사실 하나로 독특한 감각의 라이프스타일이나 고급 취향의 소비자라는 자부심을 느끼며, 쇼핑백을 들고 당당히 나갈 수 있을 때 감성 마케팅은 성공하였고 할 수 있습니다.